教皇フランシスコ

——教会の変革と現代世界への挑戦——

森　一弘 著

サンパウロ

はじめに

フランシスコ教皇が、この秋、来日するという報を耳にしたとき、私の脳裏に浮かんできたのは、私が神学院に入ってから今日までの歴代教皇の姿である。

私たち聖職者にとっては、教皇の指針・メッセージは、それなりの重さがあり、軽々しく無視できない。これまで私が、歴代教皇の指針・メッセージなどにどのように向き合ってきたのか、改めて振り返ってみた。

神学生時代には、ピオ十二世（在位：一九三九〜五八年）、ヨハネ二十三世（在位：一九五八〜六三年）、パウロ六世（在位：一九六三〜七八年）である。学びの時期でもあったことから、この時期の教皇の回勅などは、貪るように読んだ覚えがある。中でもヨハネ二十三世、パウロ六世の回勅には、第二バチカン公会議後の教会のありようを示してくれる貴重な光として、真剣に向き合った記憶がある。

司祭に叙階されてからは、ヨハネ・パウロ一世（在位：一九七八年八〜九月）ヨハネ・パウロ二世（在位：一九七八〜二〇〇五年）ベネディクト十六世（在位二〇〇五〜一三年）と続いたが、その回勅や指針には、カトリック教会の一聖職者として敬意を払ってきたつもりだが、司牧の現場での多忙さもあって、気持ちの上で距離を置いてきたような感じがする。

ところが、現教皇には、それまでの教皇たちとは異なって、自分でも不思議と思えるほど、ぐいぐいとひきつけられてしまっているのである。知的な魅力でも教義的な魅力によるものでもない。日本社会における司牧の一端の責任を担う司祭・司教として生きてきた私の心に深く響いてきて、私の魂全体を揺り動かすような魅力なのである。


現教皇は、アルゼンチン時代にスラム街などに通ってじかに底辺の人々に接してきたことによるのかもしれないが、これまでの教皇たちとは違って、庶民的である。

その人柄が温かく、親しみやすく、難しい専門用語を使わないので、そのメッセージも、どんな人の心にも素直に届いていく。それにまた、教会の問題に関しても、他の教皇たちとは異なって、歯に衣を着せることもなくズバッと指摘する。それがまた、教会のありように悩み苦しんできている人々には、「よくぞ言ってくれた」という深い共感を与えている。

しかし、私が教皇にひかれた理由は、それだけではない。教皇の教会に対する問題意識と三十年前に第一回ナイス（福音宣教推進全国会議）を開催した日本の司教たちの問題意識と重なり合うものを、強く感じるからである。

一九八七年に京都を会場にして開催された第一回ナイスのテーマは、「**開かれた教会づくり**」である。そこで日本の司教団が舌足らずのような形でまとめて表現したものを、教皇は、もっと大胆に鋭くはっきりと表現し、全世界の教会に変革を呼びかけているように、私には思えるのである。実に第一回ナイスで日本の司教団が目指そうとしたものが、その三十年後に登場してきた教皇の心の中でよみがえり、日本という狭い枠を超えて、教会全体の大転換を呼びかけようとしているかのように、思えてしまったのである。

たとえば、「**教会（小教区）を会員制のクラブのように信者だけがメンバーと考える発想を転換したいと思います。地域内に住む全ての人、訪れてくる全ての人は神に愛された人、信者は、この人々が福音的に生きることができるよう奉仕する人々です**」（柱3、提案1）というナイスの提言に、教皇は、「**自己中心的な教会は、イエスを自身の目的のために利用し、イエスを外に出さない。これは病気だ**」（二〇一三年、枢機卿会議での枢機卿時代の発言）と発言し、閉じられたままの教会は「**病気である**」とまで断言してしまっているのである。

さらにまた、「わたしは、出て行ったことで事故に遭い、傷を負い、汚れた教会のほうが好きです。閉じこもり、自分の安全地帯にしがみつく気楽さゆえに病んだ教会よりも好きです。中心であろうと心配ばかりしている教会、強迫観念や手順に縛られ、閉じたまま死んでしまう教会は望みません。（中略）過ちを恐れるのではなく、偽りの安心を与える構造、冷酷な裁判官であることを強いる規則、そして安心できる習慣に閉じこもったままでいること、それらを恐れ、その恐れに促されて行動したいと思います」と発言し、教会全体の根本的な体質改善を求めてしまっているのである。

また、「既婚者、再婚者（教会法上の重婚者）に対して司牧や教会法などのあらゆる面での対応を総合的に再検討し、福音の教えにかなった解決を見いだす」（第一の柱　日本社会とともに歩む教会に関する提案とその理由）という離婚者・重婚者の司牧に関してのナイスの提言には、教皇は、大胆に「わたしたちは長い間、恵みに開かれるよう励ますことをせずに、単に教義や生命倫理や道徳の問題に執拗にこだわることで、もう十分に家庭

を支え、夫婦のきずなを強め、彼らの共同生活を意味あるものにしたと信じてきました」（『愛のよろこび』37項、邦訳37ページ）と教義を中心にした司牧の限界を指摘しているのである。

さらにまた、ナイス直後の日本の司教団の「**信仰を、掟や教義を中心にした捉え方から『生きること、しかも、喜びをもって生きること』を中心とした捉え方に転換したいと思います**」（第一回ナイスに応えて、司教団メッセージ、『ともに喜びをもって生きよう』）に対して教皇は、「**私たちは洋菓子屋に並べられたキリスト教徒になっています。きれいに飾られたケーキやお菓子みたいなキリスト者で、本物のキリスト教徒ではありません**」（二〇一三年、アシジ）「**教会は、道徳に関する教義を気に病むべきではなく、傷を負った人々に気を配る野戦病院のようでなければならない**」（二〇一三年、着任直後のインタビュー）と発言し、複雑な現代社会の中で、もがき苦しみながら生きる人々の痛みに共感し、心優しく寄り添っていく、生きた信仰生活を私たちに呼びかけているのである。

今回、ここにまとめたものは、「教皇が、どのような教会を目指そうとしているのか、そのために教会の何を変えていくことを求めているのか」という観点から、教皇の使徒的な勧告や発言を私なりに読み込んだものであり、月刊誌「家庭の友」に二〇一七年三月から二〇一八年十二月まで連載したものである。

この秋に来日する教皇をより深く理解していくための参考にしていただければ、幸いである。このまとめにあたって快く協力してくださったサンパウロの編集部の方々には、心から感謝したい。

二〇一九年五月一日

㈶真生会館理事長　森　一弘　司教

目次

※本書における聖書の引用は、『聖書　新共同訳』（日本聖書協会発行）によっています。

一、「あわれみ」の特別聖年の勅書から

「いつくしみ」ではなく「あわれみ」と訳すべきだったのでは……！

素朴な疑問……

二〇一五年十二月八日から始まった「いつくしみの特別聖年」は、二〇一六年十一月二十日に幕を閉じた。

この一年間、特別聖年に応えようとした熱心な信者たちが、どのような恵みに浴したのか、その成果に関しては皆目見当もつかないが、私にとって何よりも刺激になったことは、「いつくしみの特別聖年」のために公布された勅書の中に込められていた、改めて神理解を深めるようにという教皇の呼びかけであった。それは、これまで教えられ、私なりに信じ、そして理解してきた神を、もう一度真正面から見直してみよう、という得がたいきっかけを私に与えてくれたのである。

しかし、私に戸惑いを与えたものがある。それは、邦訳された勅書の表題が、『イエス・キリスト、父のいつくしみのみ顔』とされてしまったことである。

原文のタイトルは、非常にシンプルで「Misericordiae Vultus」である。「Misericordia」は「あわれみ」、「Vultus」は顔である。直訳すると、「あわれみのみ顔」となる。ところが、それを、カトリック中央協議会の責任者たちは、「イエス・キリスト、父のいつくしみのみ顔」（傍線筆者）と訳してしまったのである。

「Misericordia」は、日本のキリスト教界では、これまで「憐《あわ》れみ」と訳されてきていた。それがなぜ、今回、「いつくしみ」と訳されてしまったのか？　邦訳に携わった関係者たちから漏れ聞こえてくる理由は、日本語の「憐れみ」には「上からの目線が感じられる」からというものである。

しかし、漢字の「憐」のもともとの意味やギリシャ語の「憐れみ」を表す言葉の意味を確認していくと、「憐れみ」には上からの目線はないことが分かる。それどころか、語源をたどっていけばいくほど、「憐れみ」の本来の意味が明らかになり、「憐れみ」という言葉に託した教皇の思いが、よりはっきりと伝わってくるのである。

今さら指摘しても詮ないことだ、ということは重々承知の上でのことではあるが、

「Misericordia」を「いつくしみ」と訳してしまうと、私には、その言葉に託した教皇の熱い思いが薄れてしまうように思われる。

日本語の「いつくしみ」に相当するラテン語は、「Misericordia」ではなく、「clementia」である。この言葉は、ラテン語の辞書などでは、「慈悲」とか「優しさ」とか「寛容」と説明されている。

翻訳の担当者たちが、どれほど丁寧に「いつくしみ」と「憐れみ」の言葉の違いを検討したのかどうか、私の知るところではないが、「いつくしみ」と「憐れみ」とでは、明確な違いがある。

「特別聖年」を設定し、勅書で人々に訴え呼びかけようとした教皇の熱い思いを理解するためには、「憐れみ」が、本来どのような心のありようを表すものであるか、改めて検討し、確認してみる必要がある。

「慈」と「憐」：漢字の起源を尋ねてみると……

学研の新漢和大字典によれば、象形文字としての「慈」の由来は次のようになる。

「慈」は、（茲＋心）の会意兼形声文字で、「心」は心臓の象形、「茲」は「並び生えた草の象形と二つの糸の象形」で、草の芽と細い糸とを合わせて、小さいものが成長し、増えることを示す会意文字で、「心」が加わった「慈」は、母が子を大事に育てようとする愛情の深いさま。「父母のような愛情で、上のものが、下のものをかわいがること」と説明されている。

漢字の由来からは、「慈しみ」の対象は、かわいらしい小さないのちということになる。かわいらしい小さないのちを温かく見守り育てようとする優しい親のような心、それが慈しみというわけである。

ところが、「憐れみ」の対象は、それとは違う。見て見ぬふりができない、目の前の痛々しい惨めな相手である。痛々しいありさまを見て心を痛め、手を差し伸べなければ……という思いに突き上げられてしまう心の動きである。対象は、あくまでも、厳しい世界の現実に痛めつけられている人間である。教皇の思いを忖度《そんたく》すると、「いつくしみ」は「Misericordia」の訳としてふさわしくないということになる。

先の字典は、象形文字としての「憐」を、次のように説明している。

「憐」は、「こころ」を表す「忄」と「粦」の会意文字で、「粦」は「米」と「舛」の合わさった文字で、「米」は「炎（ひ）」、下の「舛」は「足がよろめく」さまを表し、「米」と「舛」の合わさった「粦」は、梅雨時の墓場などでゆらゆらと青白く燃え続ける鬼火（燐）の象形だったと言う。

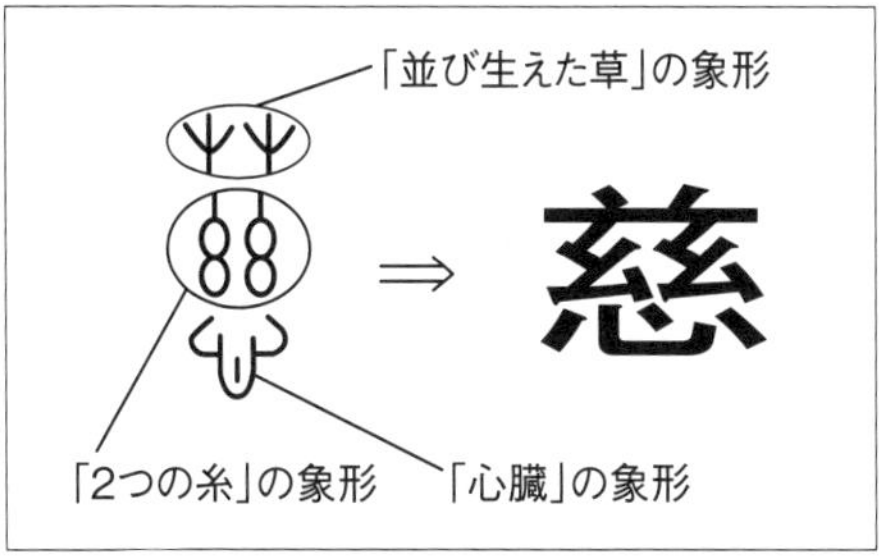

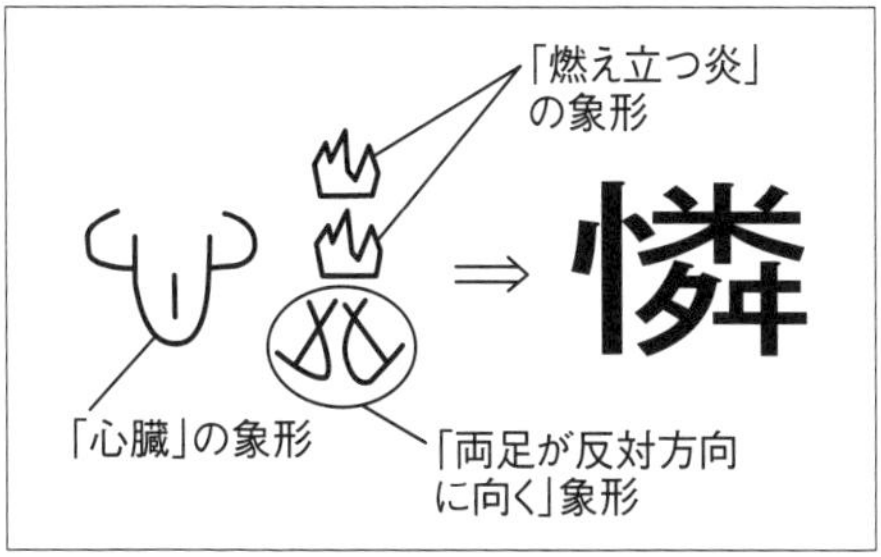

つまり、「憐れみ」とは、痛々しい相手を目の前にして心が揺さぶられて、なんとかしてあげたいという思いが生じ、その思いがいつまでも燃え続ける鬼火のように働き続けて、手を差し伸べようとの思いに突き上げられていく心の動きということになる。実に、「憐れみ」は、気の毒な相手の惨めな姿に理屈なしに共感してしまう柔らかで繊細な心の持ち主の、手を差し伸べていかなければ、いつまでも気持ちが落ち着かなくなってしまう心のありようを指しているのである。

この点で、「憐れむ」と訳されるギリシャ語の「スプランクニゾマイ」に注意を向けてみることである。その語源をたどっていくと、漢字の語源よりも、よりはっきりと「憐れみ」の本質がどこにあるか、明らかになってくる。

腸を痛める「スプランクニゾマイ」

ギリシャ語では、「憐れみ」を表す三つの異なった単語「eleos」「oiktirmos」「splanchna」がある。ニュアンスの違いがある。

「eleos」は、助けを乞い求めて、自らの哀れで惨めな姿を相手に訴えていくことに、「oiktirmos」は、相手の哀れな姿に気の毒と反応する感情に、「splanchna」は、相手の惨めな姿に深く心を痛めてしまう心に、アクセントが置かれている。

新約聖書の中で主に使われているものは、その動詞形「エレオー」と「スプランクニゾマイ」である。

そこで注目すべきことは、動詞「エレオー」の主語は人間になっており、「スプランクナ」の動詞「スプランクニゾマイ」の主語は、常に神かキリストになっていることである。

「ダビデの子イエスよ、わたしを憐れんでください」（マルコ10・47）とか、「主よ、息子を憐れんでください」（マタイ17・15）などは、いずれも「エレオー」である。いずれも、貧しい人や病んだ人、苦境に陥った人たちが、自らのつらさ、苦しさ、惨めさをさらけ出して、キリストに助けを乞い求める場面である。

私たちがミサの中で、「主よ、憐れみたまえ（キリエ・エレイソン）」と祈るときの「憐れみ」も、「エレオー」である。

助けを乞われる相手は、無論、相手を助けることができる力を持ったものである。したがって、そこに助けを乞う者に対する強者の、上から目線がある、と指摘できないことはないが、しかし、キリストが目指す「憐れみ」は、上からの目線とはまったく無縁である。それは、「スプランクニゾマイ」の本来の意味を確認すれば、明らかとなる。

「スプランクニゾマイ」は、「内臓・はらわた」を指す名詞「スプランクナ」の動詞形で、「内臓が揺り動かされる」「はらわたが打ち震える」という意味で、惨めな人の姿を見て、全身が揺さぶられるような衝撃を受け、堪えられなくなって、その相手に向かって突き上げられていく心のありようを表しているのである。

「内臓・はらわたが打ち震えるさま」にアクセントが置かれているので、そこには上からの目線は、無論ない。さらにまたそれは、相手をそのままに放っておけず、なんとかしなければならないという思いに人を駆り立ててしまう心の動きであるから、単なる同情というレベルのものでもない。その人の言動のすべてを突き動かしてしまう原動力になってしまっているのである。

その動詞の主語が神やキリストであることを念頭に置くならば、そこから浮かび上がってくる神の姿は、私たちの常識的な神理解を超えたものになる。

当時のギリシャ社会の人々がイメージしていた神は、この世界を超越した存在である。またユダヤ社会の人々がイメージしていた神は、人間には近づきがたい聖なる存在である。さらにまたカトリック教会の二千年の歴史の中では、教会は、神は、天のいと高きところに在《まし》ます聖なる存在で、人間の倫理道徳の最高基準であり、善人には報い、罪人には厳しい罰を与える正義の神、そして裁き手として教えてきてしまったのである。私たち信者も、それにあまり疑問を抱かずに、そのまま受け入れてきてしまったのである。

ところが、「スプランクニゾマイ」という動詞に示される神は、人々の罪深さや未熟さ、身勝手さ、醜さを見ながら、それを軽蔑することも突き放すことも裁くこともしない。それどころか、そんな人間の姿に心を痛め、はらわたがえぐられるような思いに突き動かされて、人間の傍らに駆け寄ってくる神なのである。そうしなければ、神は落ち着かなくなってしまうのである。

憐れみの神の姿は、旧約聖書の中にも、ちらほら現れていたことは確かである。たとえば、出エジプト記は、「わたしは、エジプトにいるわたしの民の苦しみをつぶさに見、（中略）彼らの叫び声を聞き、その痛みを知った。それゆえ……」（出エジプト3・7）と記して、エジプトで虐待されるイスラエルの民を見て揺さぶられる神の姿を私たちに伝えている。またホセア書も、幾たびとなく神を裏切る人々の背信行為を見ながら、それでも人々を見捨てることができず、必死になって人々に働きかけようとする神の心を次のように記している。「わたしは激しく心を動かされ、憐れみに胸を焼かれる」（ホセア11・8）と。

しかし、残念ながら、旧約の世界では、「人間の罪に怒り、憤る」神の姿が前面に出て、人の惨めな姿を見て見ぬふりができず、いたたまれなくなって、人のもとに駆け寄ろうとする神の姿が、背後に押しやられてきてしまったのである。

憐れみの神の姿が全面的に現れるのが、新約の世界なのである。

実に、教皇は、キリストこそ憐れみ深い神の究極の顔として理解し、使徒的勧告『福音の喜び』の中の第一章で、「神の憐れみ（スプランクニゾマイ）」こそ、「福音の神髄」であると語り、そこにこそ教会刷新・変革の源泉があると指摘し、「神の憐れみ（スプランクニゾマイ）」を教会の魂として、もう一度燃え上がらせて教会全体の改革、刷新を図っていかなければならないと訴えているのである。

そこで教皇が信者たちに求めようとしたものは、人々の痛ましい姿に心を痛める神の心について理解を深め、この世界に傷つき、苦しみもがきながら生きる人々に目を止め、寄り添おうとする心を育むことと、この「憐れみ」を究極の物差しとして教義や教会のありようを見直していくことだったのである。

最高の徳としての「憐れみ」

教皇が、前述の使徒的勧告の中で、「憐れみ」こそ最高の徳であると説明する聖トマス・アクィナスの言葉をわざわざ引用し、「憐れみ」の重要性を私たちに分からせようとしていることも、軽々しく見過ごされてはならない点である。

「あわれみは最大の徳である。というのも、他の者に対して豊かに与えることがあわれみに属するからであり、さらにまた他の者の欠陥を補うこと――これは何より第一に上位のものに属することである。（中略）あわれみを起こすことは神に固有なることであるとされ、また神の全能は何より第一にあわれみにおいて明示される、ともいわれるのである」。（『福音の喜び』邦訳42ページ）

ここでトマス・アクィナスも教皇も、「愛」ではなく「憐れみ」を最大の徳としている点に注目すべきである。神と人間との関わりを、いのちを与えた、与えられたという親と子のつながりの視点から捉えているのである。

教皇は、親は、子がどんなに非行に走っても決してわが子を見捨てないという親の視点から神の本質を捉えて、神の「憐れみ（スプランクニゾマイ）」を強調し、私たちがそうした理解を深め、教会全体を刷新し、変えていくことを求めているのである。

「神は責任を感じています。私たちが幸福で、喜びと平和に満たされているのを見たいのです」（勅書、邦訳17ページ）と語る言葉は、「憐れみこそ神の心の中心にあるものである」という教皇の確信から紡ぎ出されたものである。

「教会は疲れている⁉」

教会の変革を呼びかける‼

二〇一三年、ベネディクト十六世の引退の後、教皇に選出されたフランシスコ教皇は、威圧感を与えない優しさで多くの人々を魅了しながら、しかし、同時に刺激的で大胆な発言で、教会の変革を繰り返し呼びかけて、人々を驚かせている。私も、驚かされた人間の一人である。教皇は着任直後から、枢機卿や司教たちの集まりでも、一般信徒に向かって行う説教や記者団とのインタビューでも、機会あるごとに、歯に衣を着せずに、教会の改革を呼びかけ、訴えている。その発言の節々から伝わってくるものは、このままの状態では、教会はキリストから託された大切な使命を果たせなくなってしまうという、教皇のその心の内に抱いている危機感である。

教会が、その力を弱め、人々に対する影響力を失ってしまっているという事実は、これまでキリスト教社会と見なされてきたヨーロッパの町を歩いてみれば、誰の目にも明らかである。

街の至る所に教会の建物はある。しかし、どこの聖堂も、現代人を引きつける魅力ある空間ではなくなっている。薄暗く、人の気配はなく、ひっそりと静まりかえっている。ちなみに、カトリック国と言われていたフランスでもイタリアでもスペインでも、日曜日のミサの参列者は信者の一〇%前後、幼児洗礼も、教会で結婚式を挙げる者も、激減している。さらにまた、都市の中心にある天高くそびえる大聖堂も、その昔は人々の燃えるような信仰の発露の場であったのであろうが、今やその中で静かに祈る信徒の姿はほとんどなく、目につくのは、ガイドブックを片手にして堂内を歩き回る観光客の姿ばかりである。

こうしたカトリック教会の実態に他の誰よりも心を痛め、思い悩んでいるのは、司牧の前線に立つ司祭や司教たちである。彼らは、人々が教会を顧みなくなってしまっているつらい現実を肌で体験しながら、どのような手を打ったらよいか分からずにいる。心の奥では悶々としている。

教皇たちも、教会の影響力の弱体化には心を痛め、人々の教会離れに危機感を抱いていたのは確かである。それは、歴代の教皇たちが「新しい福音宣教」を繰り返し呼びかけてきていることからも、明らかである。

しかし、それは、直接的には、教会の改革を求めたものではない。教皇たちが新しい福音宣教を強調する背後にあるものは、ヨーロッパは、もはやキリスト教社会ではなく、新しい宣教地と見なさなければならないという認識である。

しかし、それは教会そのものの中に、人々の教会離れを促進してしまうものがある、という認識と反省からのものではない。あくまでも教会離れの元凶は、教会の外にあるという認識である。

歴代の教皇たちが教会離れの元凶として指摘するものは、他ならぬ資本主義経済の価値観と物質的な幸せを最優先とする価値観である。それが、社会全体に浸透し、人々の心もそれにのみ込まれ、物質的な豊かさをひたすら求めるようになってしまった結果、人々は、教会には背を向け、教会から遠ざかってしまったという理解である。

中でもベネディクト十六世教皇の姿勢は、明確であった。その書簡などで、目先の幸せに心を奪われてしまっている人々の生き方を、はっきりと世俗主義と断罪し、世俗主義に逆らい、新たな光を伝えていくことを目指して「新福音宣教」という旗を掲げ、改めて教会の教えを伝えていく重要性を全世界の教会に呼びかけていたのである。

フランシスコ教皇も、福音宣教の推進、充実に否定的なのではない。その重要性を理解しながら、しかし、教会そのものの中にも、人々を教会から遠ざけてしまうものがあるという認識の上に立って、教会も変わらなければならないと訴え呼びかけているのである。そこに、前任者たちとは異なる現教皇の新鮮さと魅力がある。

「教会は疲れている！」

人々の教会離れの原因が、実に教会の中にあり、教会が変わるべきであると声を上げる神学者や司教たちがいないわけではなかった。その一人が、カルロ・マルティーニ枢機卿（一九二七～二〇一二年）である。

彼も、一九八〇年から二〇〇二年までミラノ大司教区の教区長として働き、イタリアのカトリック教会の優れた指導者として高く評価され、枢機卿の一人として一時はヨハネ・パウロ二世の後継者になるのではないかと見なされていたほどの人物である。晩年、パーキンソン病などを患った上、高齢であったことから教皇として選出されることはなかったが、二〇一二年、八十五歳で帰天する数週間前に応じたイエズス会士によるインタビューの中で、自らも教会の行き詰まりについて思い悩んでいたことを、明らかにした。

「教会は疲れている。幸せなヨーロッパと米国において、欧米の文化は歳を重ね、教会は大きく、宗教施設には人はいない。教会の官僚主義的な装置は多くなるばかりで、儀式と祭服はもったいぶったものに見える。（中略）今日、教会では残り火の上にとても多くの灰が覆いかぶさっているのを見て、私はしばしば無力感にさいなまれる。どうすれば、愛の炎を再び燃え立たせるために灰の中から残り火を取り出すことができるだろうか」。

「しばしば無力感にさいなまれる」という枢機卿の言葉には、多くの司祭たちも、共感したに違いない。私もその一人である。

どんなに教会のため、そして人々のためと思って働いても手応えはなく、自分たちの存在が無意味に思え、無力感にさいなまれてしまう。それは、どの司祭も一度や二度は体験することである。

しかし、大半の司祭はそれを表には出さない。自らの内なる苦しみも教会についての不満、批判もめったに口にしない。というのは、信徒たちに心配させてはならないとの責任感からであり、また教会という組織の公僕であるという責任感からである。

司祭たちは、確かに公僕である。教皇、司教、司祭という位階制の中で役割を与えられ、その方針に沿って働くことを義務づけられる。その枠の中での活動であり、働きである。しかし現実に対応し適応しようと、どんなに工夫し努力しても、個人としての工夫には限界がある。司牧の第一線に立つ司祭たちの心の奥にある真の願いは、人々から信頼され期待される全教会レベルの変革である。

マルティーニ枢機卿のインタビューが、教会の現状に心を痛めている多くの聖職者たちから好意的に受け止められたことは、事実である。またそれは、海を飛び越えて、その当時、まだアルゼンチンの大司教であった教皇の目にも触れたことも事実である。というのは、その数週間後の依頼された黙想会の説教の中で、教皇自身がその言葉を引用しているからである。「教会は、信仰の残り火、希望の残り火、愛の残り火を見つけなければならない」と。

教皇も、マルティーニ枢機卿の言葉に深く共感していたのである。

教皇に着任してからのフランシスコ教皇の教会の変革を訴える呼びかけは、一方では教会の中の保守的な人々の反発を呼び起こしながら、しかし、その一方で教会の現状を憂い、このままではいけないと悶々としていた多くの善意ある聖職者や信徒たちに好意的に受け止められたことは確かである。

「先に人ありき」：教皇の視点

教会は変わらなければならないという教皇の呼びかけは、新鮮で刺激的である。たとえば、着任直後のインタビューでは、「教会は、道徳に関する教義を気に病むべきではなく、傷を負った人々に気を配る野戦病院のようでなければならない」（二〇一三年のインタビュー）と語り、二〇一四年のシノドスの冒頭の挨拶でも、「カトリック教会は、変化を恐れてはいけない」（二〇一四年のシノドス）と世界各地から集まった司教たちに呼びかけている。

また二〇一四年の「聖霊降臨の主日」でも、サンピエトロに集まった人々に、「教会に驚かせる力がないということは、教会が弱っており、死にかけているということです。すぐに病院に連れて行かなければ」と語っている。

さらにまた、アシジを訪れた際には、貧しさに徹したフランシスコを念頭におきながら、「私たちは洋菓子屋に並べられたキリスト教徒になっています。きれいに飾られたケーキやお菓子みたいなキリスト者で、本物のキリスト教徒ではありません」(二〇一三年、アシジ) と説教しているのである。

「道徳に関する教義を気に病むべきではない」とか、「教会は弱っており、死にかけている」とか、「私たちは洋菓子屋に並べられたキリスト教徒になっている」などという発言は、刺激的で新鮮で、しかも、大胆な表現である。歴代の教皇たちの口からは、決して期待できないものである。

こうした教皇の発言の根底にあるものは、教会が大事にしなければならないものは、「教え」よりも「儀式」よりも「教会の権威」よりも、一人ひとりの人間に真心を込めて誠実に寄り添わなければならない、それが福音の魂であるという確信である。

それは、「労苦し、重荷を負っている者はみな、わたしのもとに来なさい。休ませてあげよう」とか、「これらの小さな者が一人でも滅びることは、あなたがたの天の父の御心ではない」というキリストの言葉のこだまでもある。

教皇の視点は、「先に教会ありき」でも「先に教義ありき」でもなく、神の心に包まれた「先に人ありき」なのである。

その確信は、前任者たちとは違って、司祭に叙階されてから、常にスラム街に足を運び、過酷な人生の現実に覆われて悩み苦しむ人々に寄り添うことによって培われてきたものに違いない。教皇は、実に机上の人ではなかったのである。

教皇が難解な、神学用語や教会用語を使わないのも、学歴も無く、泥まみれになって必死になって生きようとする人々と向き合ってきたことと無関係ではない。

しかし、貧しい人々を優先するからといって、教皇が、社会主義的なイデオロギーに走り、貧しい人々を虐げる社会の体制の変革を求めようとした活動家であったということではない。教皇の関心は、何よりも人間そのものに向かっている。過酷な人生の旅の路上を歩み続けなければならない生身の人間に寄り添い、支え、希望を与えることにあったのである。教皇になってからの教皇の言動が、教会の枠を超えて、多くの人々に好意的に受け止められたのも、そのためと思われる。

教会は、裁き手になってもならず、加害者になってもならない

教皇が、人間一人ひとりの人生に真心を込めて誠実に寄り添っていくことに福音の本質を見ていたことは、最近の同性愛者についての発言からも明らかである。

その発言は、アルメニア訪問を終えて帰国途上の機内でのものだった。ドイツ人のラインハルト・マルクス（Reinhard Marx）枢機卿が、カトリック教会は同性愛者の人々への対応を謝罪する必要がある、と述べたことについて同意するか、と記者団から問われて答えたものである。

「われわれキリスト教徒には、謝らねばならないことがたくさんある。今回のこと（同性愛者の待遇）に限らないが、私たちは許しを乞わなければならない。謝罪するだけでなく――許しを」と。そしてさらに、「そうした状態（同性愛）の人が善良な人物で、神を求めているとしたら、その人を裁く資格が私たちにあるだろうか」と付け加えているのである。

この発言は、言うまでもなくカトリックの伝統的な教義に逆らうものである。教義の遵守にカトリック教会のアイデンティティーがあると固く信じてきた人々や聖書を原理的に受け取る人々からは、「神の心に反する」という否定的な声が上がってくるはずである。

それにもかかわらずあえて発言したのは、司牧の現場で多くの同性愛者の相談にのってきて、自分の家族からも理解されず、周りの人々からは冷たい目で見られながら日々を過ごすことが、どんなに人間としてつらいことであるか、十分に知っていたからである。

生まれつきそうした傾きがあることは、本人の責任ではない。しかし、これまでの教会は、それを理解できず、一方的に断罪し、彼らを社会の片隅に追いやってしまう裁き手、加害者になってきてしまっていたのである。

教皇の心を生かしているものは、一人ひとりをかけがえのない存在として手を差し伸べ、支えようとする神の心である。そんな神の心によって、教会の営みのすべてが変わっていくことを、教皇は望んでいるのである。

「あわれみの特別聖年」の真の狙いは、何だったのか？

教皇フランシスコは、二〇一五年十二月八日から二〇一六年十一月二十日までの一年間を『いつくしみの特別聖年』〔邦訳〕とし、そのための勅書を公布した。すでに指摘したように、その勅書は、『イエス・キリスト、父のいつくしみのみ顔』という表題のもとに、カトリック中央協議会によって翻訳され、出版されている。

恐らく、日本の教会の多くの信徒は、日本語に訳された「いつくしみ」という言葉の語感の柔らかさから、教皇の本来の意図をくみ取ることができず、その勅書を、「神は、正義の神ではなく、人間を温かく見守る優しい方である」という神理解を深めていくようにという呼びかけとして、単純に受け取ってしまったのではないかと思われる。

しかし、この勅書の目指すものは、単に信仰生活を深めていくというレベルのものでないことは、見落としてはならないことである。というは、その文書の至る箇所に教会の変革を求め願う教皇の言葉がちりばめられており、その背後には、このままではカトリック教会はいずれ人々から見向かれなくなってしまうという危機感と、カトリック教会は変わっていかなければならないという教皇の切実な願いが働いているからである。

「特別聖年」と命名した教皇の思い

教皇の強い思いは、まずは、「通常聖年」を待たずに、「特別聖年」を設定したことからも察知することができる。「通常の聖年」とは、二十五年ごとの「聖年」のことである。日本語に訳された「特別聖年」とは、ラテン語の原文では「iubileum extraordinarium」である。「ordinarium」とは、「通常の」という意味であり、「extra」とは、「通常のものではない、特別な」という意味である。

そもそも、「聖年」とは、旧約聖書の中に記されている五十年ごとの「ヨベルの年」に倣って、教皇ボニファティウス八世（在位：一二九四～一三〇三年）がカトリック教会にも導入し、一三〇〇年を聖年と定めたのがその始まりである。

ヨベルの年（レビ25・1～55参照）とは、五十年ごとに土地を休ませ、互いの負債を無条件に許し合い、奴隷を解放するというものである。教皇は、このヨベルの年の精神に倣って、ローマを訪れて決められた条件に従って祈る巡礼者たちに特別免償を受けることができる一年として聖年を定めたのである。

こうして始まった聖年は、最初は一〇〇年ごとであったものを、教皇クレメンス六世（在位：一三四二～五二年）は五十年ごとに改め、一三五〇年に二度目の聖年を祝っている。

その後、聖年の間隔を短くし、二十五年ごとに挙行することに決めたのは、教皇パウロ二世（在位：一四六四～七一年）である。こうして二〇〇〇年の「大聖年」まで「通常聖年」は計二十六回行われてきている。

実に聖年は、キリスト教の原点、源泉をもう一度思い起こし、神からの恵みを改めて確認し、罪の許しを願い、新たな希望の光をくみ取っていくよう信者たちを鼓舞していくための最も効果的なイベントとして定着し、大事にされてきたものである。

ルールどおりならば、次の聖年は二〇二五年、つまり、十年後のことになる。しかし、教皇には、二〇二五年まで待っていられないという切実な思いがあったにちがいないのである。もし、信者たちに、キリスト教の原点に帰って、その信仰を深めていくよう呼びかけていきたいということならば、一般の教書による呼びかけでもよかったはずである。しかし、教皇は、それではインパクトが弱いと判断して、「特別聖年」の設定に踏み切ったのではないかと思われる。

したがってこの勅書を手に取り、「特別聖年」を意義あるものにしていくためには、何よりも勅書に込められている教皇の強い思いをくみ取ることである。私たちには、その中に込められている教皇の真意を見極め、それに応えていくことが求められているはずである。

「厳格さという武器を振りかざす」教会!?

教皇のせっぱ詰まった思いとは、何なのか。それを理解するために、教皇が、勅書の初めの部分で、第二バチカン公会議に触れ、公会議が目指そうとしたものが何であるかに言及した、二人の教皇の言葉を引用していることに注目してみることである。

二人の教皇とは、公会議を召集したヨハネ二十三世（在位：一九五八〜六三年）と閉会宣言をしたパウロ六世（在位：一九六三〜七八年）である。

ヨハネ二十三世は、公会議を召集した教皇である。教皇は、開会にあたって「今日、キリストの花嫁である教会は、厳格さという武器を振りかざすよりも、むしろ、いつくしみ（筆者注：ラテン語原文では、〈憐れみ〉という言葉が用いられている）という薬を用いることを望んでいます」（勅書、邦訳8ページ）と集まった司教たちに語って、「厳格さを武器として振りかざすような教会」を変えてほしい、と自らの公会議に対する期待を表明したのである。

パウロ六世は、公会議を閉会した教皇である。閉会にあたって教皇は、「公会議からは、やる気を削《そ》いでしまう診断の代わりに力づける治療が、心を重たくさせる予言の代わりに信頼のメッセージが、現代世界に向けて発せられたのです」（勅書、邦訳9ページ）と語って、公会議の成果について自らの見解を明らかにした。

勅書の中で五十年以上も前の二人の教皇の言葉を、わざわざ引用した教皇フランシスコの心の内に、恐らく、公会議から半世紀以上たったにもかかわらず、今日のカトリック教会にも、二人の教皇が言及した「厳格さという武器を振りかざそうとする姿勢」や「やる気を削いでしまう診断」、「心を重たくさせる予言」が、まだまだ生きているという強い思いがあったからに違いないのである。

したがってこの勅書を理解し、特別聖年を意義づけていくためには、教皇と同じような問題意識を持つことが求められるのである。

危機意識が乏しい私たち！

しかし、問題は、私たちの多くが教会のありようについてそれほど深刻に考えず、問題意識を持たずに、信仰を生き、教会と関わってしまっている点にある。というのは、現代の教会は、第二バチカン公会議前の教会と比べると、大きく変わってしまっており、表面的には、教会ははるかに柔軟になってきてしまっているからである。したがって第二バチカン公会議後に洗礼を受けた者たちには、教皇の問題提起はピンとこないかもしれない。またたとえ、公会議前に洗礼を受けた者でも、月に数回ミサに通う程度で、秘跡にあずかることで満足しているだけで、それほど深く教会に関わっていない信者たちにとっては、教皇の問題意識は、自分たちには関係のない、別世界のことのように思えてしまっているかもしれない。

しかし、少数かもしれないが、教会のありように深刻に悩み、苦しむ者がいないわけではない。宣教司牧の前線に立っている司教や司祭、それに教区や小教区などの教会で責任ある奉仕をしている信者たちや、実際に過ちを犯して教会の教えや掟《おきて》に背いてしまっている人たちである。

実に多くの司祭や司教たちは、よき牧者として、挫折した人々や社会の底辺で、はいつくばるような形でぼろぼろに傷つきながら生きようとしている人々と直接向き合っている。しかしそんな彼らも、過酷な人生の途上で傷つき倒れ、うちひしがれている羊たちに、いざ必要な慰めと励まし、希望の光を与えようとするとき、教会の根底に潜んでいる厳しい教えと定めにぶつかって、神の心に沿って人々と向き合おうとする道が閉ざされてしまうというつらく悲しい現実にしばしばぶつかっているのである。

また、教会が禁じている過ちを犯してしまった人々も、そんな自分を支えようと、ご聖体に近づこうとしても、公にはそれを許してくれない教会の冷たさを思い知らされているのである。

こうした人々は、今の教会の中に「厳格さという武器」、「やる気を削いでしまう診断」、「心を重たくさせる予言」などなどが生きていることを肌で感じ取り、心を痛め、「一日も早く変えていかなければならない」「一日も早く変えてほしい」と願っているのである。

現教皇も、その一人として理解して間違いではない。というのは、教皇に選任される前は、スラム街などにも積極的に通い、そこで傷つき倒れ、地をはいつくばるような形で必死になって生きている多くの人々と向き合ってきており、そこで、厳格さを武器として振りかざす教会が、慰めや支えを必要としている人々の前に大きな壁となって立ちはだかっている現実を思い知らされ、深く心を痛めてきていたに違いないからである。

「厳格さを振りかざす」教会の一例

「厳格さを武器」として振りかざそうとする教会の傾向は、今も否定しがたい権威を伴ってバチカン公会議後もしぶとく生き残っているのである。その一つの例を、一九九七年にまとめられた『カトリック教会のカテキズム』の中の、結婚の秘跡を取り扱っている項目の中に見ることができる。離婚した者について言及している箇所である。

「離婚は、秘跡による結婚が表す救いの契約を侮辱するものです。たとえ民法上認められたものであっても、再婚すれば罪はいっそう重くなります。再婚した人は、公然の恒常的な姦通の状態にあります。」（２３８４項、邦訳691ページ、傍線筆者）

「離婚した後に民法上の再婚をした者は、客観的には神法に背く状態にあります。したがって、この状態が続く限り、聖体を拝領することができません。同じ理由から、教会のある種の任務を行うこともできません。ゆるしの秘跡によってゆるしが与えられるのはただ、キリストとの契約と忠実さのしるしである結婚を破ったことを痛悔し、まったくの禁欲生活を送る人々に対してのみです。」（1650項、邦訳498ページ、傍線筆者）

厳しすぎると指摘される点は、「離婚した後に民法上の再婚をした者は、その状態が続く限り、聖体を拝領することができない」、「再婚した人は、公然の恒常的な姦通の状態にある」と記されている部分である。

カテキズムは、男と女が、永遠の愛を誓い合って生涯を共にすることの難しさを知らないわけではない。「自分の一生を一人の人間に結びつけることは難しく、不可能のように思えるかもしれません」と記しているからである。しかし、男女の出会いは神が結びつけたものであり、キリスト者の結婚は、十字架につけられるまで人々を救おうとしたキリストの愛によって支えられている、と説明し、それを根拠にして離婚は許されるものではないと明言するのである。

結婚の尊さと不解消性についてのカテキズムの教えには、無論、異論はない。それどころか、多くのカップルが安易な離婚、再婚が増えている現代社会にあっては、いつまでも高く掲げ続けるべき貴重な教えである。それはまた、カトリック教会に期待されている役割とも言える。

しかし、さまざまな事情から、離婚を選択しなければならない人たちもいるのである。実にパートナーの人格の未熟さ、暴力、不倫、姦通などの裏切りなどによってやむをえず別れざるを得ない人々もいる。そんな人々が、過酷な人生を一人で生きることは容易なことではない。

そんな人々が、新しい人と出会って結ばれ、互いに支え合い励まし合いながらあらたな歩みを始めようとするとき、それを「姦通の状態にある」と一方的に断を下してしまうのは、厳しすぎるのではなかろうか。さらにまたそうした人々が、キリストに慰め、支えを求めようとしてご聖体を頂きたいと願ってもゆるされないという定めは、果たしてキリストの心に基づくものと言えるのだろうか。

厳格な旗だけを掲げ続けていくならば、教会は立派に生きることのできるエリートの集団になってしまう。キリストは、「義人を招くためではなく、罪人を招くために来られた方」である。教会は、そうしたキリストの心を具体的に証ししていく責任もあるはずである。

「特別聖年」を設定した教皇は、教会が高い理念の旗を肯定しながら、しかし、全教会をあげて、神の憐れみに対する理解を深め、底辺に生きる人々を包み込むことができる神の憐れみに息吹かれた柔らかな共同体になってほしい、と私たちに呼びかけたのではないかと思われる。

人へのまなざしを軸とした教会の刷新を

すでに指摘してきたように、教皇フランシスコの使徒的書簡にしろ、特別聖年にあたって公にした勅書にしろ、そのいずれからも伝わってくるものは、カトリック教会は、この世界に生きる人々に責任がある、そのためにはこれまでのようであってはならない、という教皇の切なる思いである。そのために教皇が示そうとしたものが、「神は憐れみ深い存在である」という神理解に基づいた教会の刷新である。

「憐れみの特別聖年」を設定したのはそのためである。すべての信者は神の憐れみによって救われたものであるという自分たちの原点を再認識し、神の憐れみの証し人として、過酷な現実を生きなければならない人々と真摯《しんし》に向き合っていく責任があるという自覚を深めて、教会の刷新にチャレンジするよう呼びかけたのである。

そうした教皇の心を根底で突き動かしているものは、何よりも人間一人ひとりに対する真実である。教皇のまなざしは、教会そのものを超えて、もがき苦しみながら歩まざるを得ない人々の上に向かっているのである。

人々への柔らかで温かなまなざし

カトリック教会の最高責任者としての教皇が、教会そのものを限りなく愛していることは、確かなことである。信者の家で生まれ育った教皇の人生は、キリスト教国ではない社会に生きている私のような者には想像もできないほど、教会と固く結ばれている。教皇は、二十世紀の初頭、イタリアから仕事を求めてアルゼンチンに渡ってきた移民の子どもとして生まれ、祖父母も両親もカトリック信者である。生まれてすぐに洗礼を受け、その後も、その成長の節目、節目に、初聖体や堅信の秘跡の際には、教会共同体の中で皆から祝福を受け、中高時代には有能な司祭たちに巡り会い、その指導を受けてイエズス会に入会。修練期には会の創立者イグナチオの霊性の薫陶《くんとう》を受け、神学を学び、司祭職に叙階されていくのである。

その間、第二バチカン公会議が開催され、教会全体に新しい息吹がもたらされたが、その息吹をどのように理解し、どのように応えていったらよいかで、若い神学生や司祭たちが戸惑い、混乱し、多くの者たちが別の道を選択していったが、教皇は動揺することもなく、司祭への道を突き進んでいるのである。

新しい風を受けて、若い神学生たちが戸惑い、多くが混乱し、司祭への道から離れていったことは、その当時、ローマで勉学していた私も体験したことである。仲間が離れていくことは、つらいことである。

司祭として叙階された後、教皇は、会と教会から託される役務に誠実に応えていく。若くして修練長、管区長と、会の重要な役務を託されていることからも、教皇が仲間たちからどんなに頼られ、信頼されていたかが分かる。

司祭として、司教としての歩みをたどってみると、その日々を支えていたものが、会と教会に対する忠誠心であったことは疑う余地がない。実に教会を愛するという点で、現教皇は、どの教皇と比べてみても引けを取るようなことはない。

しかし、現教皇には、他の教皇たちから伝わってこないものがある。それは、人々に対する温かで優しいまなざしと、教会は人々のための存在であるという明確なメッセージである。

それは、教皇が、司祭に叙階されてから常に司牧の前線に立って、経済的に貧しい人々やさまざまな事情からもがき苦しんでいる人々と肌を接するような形で生きてきたことと無縁ではない。そうした司牧体験から、教皇は、人間のもろさ、傷つきやすさに対する理解を深めると同時に、人々に対する共感能力を育ててきたに違いないのである。その点が、歴代教皇たちとの異なる点である。

その説教や書簡などで、難解な専門用語も神学用語をあまり使わず、一般の人々に分かりやすい用語を使うのも、社会の底辺でぼろぼろになって生きている人々の心には、教会用語では届かないということを学んできたからに違いない。難しい専門用語を使わない教皇の説教は、確かに、誰の心にも、何の抵抗心も与えずに、素直に響いていく。それも、教皇が教義の枠ではなく、生きている人とまっすぐに向き合おうとしているからである。

教会は、人々のための存在である

そんな教皇の心を支えているものは、教会は教会のために存在するのではなく、人々のために存在するものであるという明確な信念である。

乱暴な問いであることは重々承知の上でのことだが、「惨《みじ》めで気の毒な人を目の前にしたら、あなたは教会と人と、どちらを優先しますか」と問いかけられたら、今の教皇ならば、はっきりと「人」と答えるに違いない。

「なぜ、教会よりも人なのか？」とその理由を聞かれれば、私の勝手な想像だが、教皇は、きっと「善きサマリア人のたとえ話」（ルカ10・25～37）を例に挙げて、「自分は、強盗に見舞われて半死半生のまま荒野に取り残された旅人を、見て見ぬ振りをしながら、道の向こう側を通り過ぎて行く祭司やレビ人のようになりたくない。その哀れな姿を見て、心動かされて旅人のもとに駆け寄っていったサマリア人のように生きたいからだ」と説明するに違いない。

これまでの教会は、どちらかと言えば、人よりも教義、人よりも教会の伝統を重んじてきた嫌いがある。ところが、教皇はその逆を行くのである。

人々と向き合う際の教皇のモデルは、確かに「これらの小さな者が一人でも滅びることは、あなたがたの天の父の御心ではない」（マタイ18・14）と明言して、律法学者やファリサイ派の人々と対峙《たいじ》したキリストである。

実にキリストは、律法の遵守《じゅんしゅ》が絶対化されていた社会にあって、「安息日は、人のために定められた。人が安息日のためにあるのではない」（マルコ2・27）と宣言し、行動したのである。そのために指導者たちの顰蹙《ひんしゅく》を買い、危険人物と見なされ、最後は十字架の上に送られてしまったのである。キリストは、自らの命を張って人々に寄り添い続けようとしたのである。教皇は、そうしたキリストに倣おうとしていると断言しても言い過ぎではないだろう。

人々と教皇との間にある壁を取り除く

そのために教皇が何よりも望むことは、人々の身近な存在になることである。着任早々、居住の場をバチカン宮殿から、他の宿泊者にも開放されたカーサ・サンタ・マルタ館に移したことも、そのためと思われる。

これまで、教皇の居室は、周知のように、バチカン宮殿の三階であった。バチカン宮殿を教皇の居室にしたのは、一九〇三年、ピオ十世である。それ以降、歴代教皇は、そこに居住してきていた。

そこは厳重な警備が敷かれ、そこには限られた者しか近づくことが許されない。人々が醸《かも》し出す賑《にぎ》わいもざわめきも届かない、静寂に包まれた孤高の空間である。しかし、それは、現代の私たちには社会から遊離してしまったカトリック教会の象徴のような印象を与える。現教皇もそう思われたに違いない。

教皇は、世俗の喧噪《けんそう》の届かない聖なる城砦《じょうさい》に籠《こ》もり、聖なる世界から人々に語り、人々を導こうとするタイプではない。人々にじかに触れ、人々の生な心を感じ取り、人々の心に自らの心を合わせながら、共に神に向かって歩もうとする。それが教皇の根本姿勢である。

「私は一人では生きられません。私は他の人たちと共に生きるのです」と、自らの思いを表し、バチカン宮殿からサンタ・マルタ館に自らの居住の場を移してしまったのである。

サンタ・マルタ館とは、ヨハネ・パウロ二世が、一九九六年に、教皇選挙のためにローマにやってくる枢機卿たちの宿泊施設として改築させたもので、普段はバチカン勤務の聖職者や外部からの訪問者の宿舎になっている。そこへは大勢の人々が容易に出入りでき、その出入りには特別な許可も必要ない。

そこに移った教皇は、そこで寝起きし、ミサを立てる。そのミサには職員たちもあずかる。ミサ後は、彼らと言葉を交わし、セルフサービスの食堂で、他の宿泊者と会話をしながら食事をとり、その後、バチカンに出勤する。そんな教皇の姿は、これまでの教皇には見られなかった。

長年受け継がれてきた伝統・風習を変えたり、それに逆らったりすることは、長い歴史のある宗教の世界では、容易なことではない。それを後生大事に維持し、保守しようとする輩《やから》はごまんといる。それにもかかわらず、教皇は、反対勢力を押し切って、新しい形にチャレンジしたのである。

人々との距離を少しでも縮めたいという思いは、教皇専用車から防弾ガラスを取り除いたことにも表れる。防弾ガラスが施された教皇専用車は、人々との接触を妨げるとして、「たとえガラス張りでも、イワシの缶詰のように窮屈な車の中からでは人々に挨拶することも、愛していると伝えることもできない」と述べ、「何かが起こり得るというのは事実だろうが、私の年齢を考えれば失うものは多くない」と語って、防弾ガラスを取り除いてしまったのである。教皇が、人々との血の通った触れ合いを求めていることは明らかである。

こうしたことは、これまでの教皇たちには思いもつかなかった大胆な判断であり、決断である。教皇を突き動かしているものは、神であるにもかかわらず、神であることに固執せず、人々の現実の中に飛び込んできた神の子キリストに倣いたいという真剣な思い以外にありえない。

人への優しいまなざしを軸として、教会の伝統や風習を解体していこうとする教皇の思いは、着任早々の聖木曜日に、イタリアの首都・ローマ市内の少年院を訪れ、そこで伝統的な儀式「洗足式」を行ったことにも表れる。

少年院で教皇が「洗足式」を行うことは初めてのことだったというだけでなく、そこに二名の女性とイスラム教徒の少年がおり、女性と一人のイスラム教徒の足を洗ったということも史上初めてのことなのである。教皇は、明らかにこれまでの伝統・風習を破ってしまったのである。

それは、バチカンをピラミッドの頂点とした権威主義的な枠組みの解体につながっていく。確かに教皇の行く先々で、「人々のより近くにいたい」、そして「より貧しく、より苦しみもがく人々に寄り添いたい」という思いを妨げる教会の伝統や風習が、解体されているのである。その具体的な例は、枚挙にいとまもない。

そうした教皇の言動を支えるものは、教会の本質についての教皇の理解である。

天の父が、わたしを遣わしたように、わたしもあなたがたを遣わす

キリスト教の原点は、人々の哀れで惨めな姿を見て見ぬ振りができなくなって揺さぶられ、心動かされて、キリストをこの世界に遣わした憐れみ深い神の中にある。天の父から遣わされたキリストは、神の心に合わせ、「わたしは柔和で謙遜な者だから、重荷と労苦を負う者は皆わたしのもとに来なさい」と人々を招き、この世を去る前に、弟子たちに「わたしが父から遣わされたように、わたしはあなたがたを世に遣わす」と言って、神の憐れみの使者になることを求めたのである。

こうして誕生した教会の根本的な役割は、神の憐れみを人々に伝え、証ししていくことにある。教会に期待され、求められることは、高みに立って人々を指導することではない。人々が抱え、背負う労苦と重荷を理解して、共感し、その人生に寄り添い、支えていくことである。

教会が、自らの発展、繁栄のために動いてしまうならば、それは神とキリストの期待

を裏切ることになる。

残念ながら、二千年の教会の長い歴史を振り返る時、教会には、神の心を忘れ、自らの誕生の原点を見失い、厳しい裁き手として人々の上に君臨したり、教皇を初めとする高位聖職者たちが自らの栄達に走ってしまったという醜い過去がある。

そうした教会の過去の見苦しい過ちを真摯に見つめ、全世界に向けて謝罪したのは、ヨハネ・パウロ二世である。しかし、二千年来の教会の中に染みこんでしまった体質や伝統・風習は、そう簡単に払拭《ふっしょく》できるものではない。

しかし、現教皇は、そんな教会に新しい風を吹き込もうとしているのである。そんな教皇の姿は、私のような者にも頼もしく映る。

二、使徒的勧告『福音の喜び』から

教皇は教会の現状を、どのように見ているのか

教会の現状に対する教皇の認識……

教皇である限り、人々の生きざまに関心を寄せるのは当然なことなのだが、教会の現状を手厳しく批判し、何よりもまず先に教会そのものの変化・改革を呼び掛けていることに、現教皇の特徴がある。

教皇が教会の現状に満足していないことは、インタビューなどを受けた際の応答やミサの中での説教や公的な文書や使徒的勧告などから明らかである。

その本気度は、使徒的勧告『福音の喜び』からも伝わってくる。丁寧に読んでいくと、私たちはそこで、実に歯に衣を着せず、容赦なく、教会の現状を批判する教皇の辛辣な言葉に遭遇し、驚くことになる。しかし、そこから教皇が今の教会をどのように判断しているか、そしてまたどのような教会になってほしいのか、教皇が目指す教会の姿が明

らかになってくる。

「わたしは、出て行ったことで事故に遭い、傷を負い、汚れた教会のほうが好きです。閉じこもり、自分の安全地帯にしがみつく気楽さゆえに病んだ教会よりも好きです。中心であろうと心配ばかりしている教会、強迫観念や手順に縛られ、閉じたまま死んでしまう教会は望みません。（中略）過ちを恐れるのではなく、偽りの安心を与える構造、冷酷な裁判官であることを強いる規則、そして安心できる習慣に閉じこもったままでいること、それらを恐れ、その恐れに促されて行動したいと思います。」（49項　50〜51ページ、傍線筆者）

教皇の目には、教会は、次のように映っているのである。

「自分の安全地帯にしがみつく気楽さゆえに病んだ教会」

「中心であろうと心配ばかりしている教会」

「強迫観念や手順に縛られ、閉じたまま死んでしまう教会」

「偽りの安心を与える構造」

「冷酷な裁判官であることを強いる規則」

「安心できる習慣に閉じこもったままでいること」

もし私のような者が、同じような言葉を口にして、教会を批判しようものなら、司教仲間や司祭たち、さらにはまじめな信徒たちから総スカンを食らってしまうことにもなりかねない。それほど教皇の言葉は、手厳しく辛辣《しんらつ》である。

教皇の言葉をどう受け取るか、人によってさまざまだろう。教会のありように何の疑いも抱かずに、教会に完全な信頼を寄せている者や善意な心で教会に奉仕している信者たちにとっては、ショックかもしれない。しかし、教会の現状に心を痛めながら、しかし、声を上げることさえできずに堪え続けてきた人たちにとっては、歓迎すべき言葉である。「よくぞ言ってくれた」と喜び躍るに違いない。

教皇が教会の現状をこれほど手厳しく批判するのは、恐らく、教皇自身がそれまでに、神の憐れみにはほど遠い、むしろ神の憐れみに背くような教会の冷たさや固さに幾度となく直面し、心を痛め続けてきていたからに違いないのである。

教会の最高責任者となって、それまで我慢し、堪えてきた思いを一気に外に吐き出して、教会全体が神の憐れみに息吹かれていくことを願って、教会全体に改革を呼びかけようとしたのだと教皇の言葉を受け取ることができる。

敷居が高く、近づきにくい教会

人々にとって教会が近づきにくい存在になってしまっていることは、教会の門の扉を叩いて教えを学び、洗礼を受ける人たちが減少したり、信者たちの教会離れが進んでしまったりすることからも明らかである。

教会を一般の人々に近づきがたく、その敷居を高くしてしまっている具体的な要因を挙げていけば切りがない。

例えば、信者たちの間だけで共有され、一般の人には分かりにくい教会用語、生活に余裕がない人々にはそのまま実践することが困難な掟、社会の真っただ中でぼろぼろになりながらしか生きていけない人々にはきれいごととしか受け取れない倫理・道徳、それに難解な教えや生活感覚の乏しい典礼儀式、そして叙階されただけで権威を与えられ、信者たちから特別扱いされている聖職者たちの姿などなど……。

これまで私も、信者ではない友人たちから、同じような問題点をしばしば指摘され、悶々《もんもん》としたことが幾たびもある。私だけではない。私の周りにも、教会の現状を変えることができないもどかしさを抱きながら、もがいている司祭は少なくない。しかし、長い歴史を歩んできた伝統ある教会の構造や教義を勝手に変えていくことは、一介の司祭・司教には限界がある。

聖職者たちだけではない信徒たちも戸惑い悩み苦しんでいる。教会の運営などにあたって聖職者たちに絶対的な権限が与えられてしまっている教会の組織・構造に不信感を抱いている信徒たちや権威主義的な聖職者たちから傷つけられたりしながら、しかし、忍耐深く彼らの下で教会に奉仕している信者たちも少なくない。さらにまた、泣く泣く離婚し、新しい相手を見つけて再婚してしまったために、教会から冷たくあしらわれてしまった信徒たちにとって、教会は冷酷な裁き手以外の何者でもない。

実に司牧の現場に立つ司祭たちや信徒たちの心の中に、教会に対するもやもやした不信感がたまってしまっていることは、否定しがたい事実である。

教会の改革を訴える教皇は、そうした善意の聖職者や信徒たちがその内に抱え込んでしまっている問題意識を吸い上げ、代弁してくれたとも言えるのである。

教会の根底には尽きない温かさが生きている

しかし、誤解してはならない。教皇は教会そのものを否定しようとしているのではない。教会の根底には、キリストがおり、教会はキリストによって生かされ、支えられている。教会に触れる者は、そこに生きているキリストの温かさに癒やされ、その豊かさに生かされることになる。

教会と出会えて、そこに光と支えを見いだしている者も、少なくない。私も、その一人である。もし、教会と出会えていなければ、私は今日まで歩んでくることができず、人生の途上で倒れてしまっていたかもしれない。私が今日あるのは、まったく教会のおかげである。

教会の門を叩く者は、細々とではあるが、絶えることがない。社会の現実の厳しさに追い詰められたり、打ちのめされたりして、家族の中にも学校や職場の中にも居場所を見いだせなくなったりした人々や、仕事の日々に疲れ果て、精神的に枯渇《こかつ》した人々である。

教会は飢え渇く人々に応え、疲れ果てた人々を包むことができる、尽きないいのちの泉である。その源泉はキリストであり、憐れみ深い神のいのちである。教皇には、教会に対する深い理解と神とキリストに対する揺るぎない信頼がある。

しかし、残念なことに、長い歴史を歩んできた教会は、伝統の上に胡座《あぐら》をかいて柔軟性を失い、伝えられてきた組織と構造にこだわって権威主義、官僚主義に蝕《むしば》まれ、過酷な現実を生きざるを得ない人々に対する柔らかな心を失い、訪れてくる人々を待つことに重きをおいた体制になってしまったのである。そうなると教会の門の扉を叩くことができる人は、限られてしまう。教皇が指摘するのはその点である。

教皇は、教会の内にある無尽蔵の温かさ、豊かさに、誰もが容易に触れて、包まれることができるような柔軟で、腰の軽い教会になってほしいのである。教会の改革を求めるのは、そのためである。

底辺の人々に軸足を置いた視点……

現状の教会に対する痛烈な批判も、教皇が、歴代の教皇たちと違って、常に人々の身近な存在であろうと努めてきたことと無縁でないように思われる。というのは、庶民の視点に立って見れば、確かに、教会の敷居がどんなに高いか、身をもって実感できるからである。

教皇が庶民感覚を失わずに歩んできたことを示す数々のエピソードが伝えられている。

教皇は、両親がイタリアからの移民の、素朴な庶民的な家族の中に生まれ、育っている。両親は、自分たちよりも先にアルゼンチンに移住して経済的に成功した親類を頼って、移住を決断。しかし、現実は甘くなく、移住した翌年にはその親類が行っていた事業が、ウォール街の株暴落に始まった世界的な恐慌に巻き込まれて破綻《はたん》。夢が破れて、教皇の家族は、一時一文なしになってしまう。

しかし、幸い、サレジオ会の神父たちとの良き出会いに恵まれ、神父たちを介して借りたお金によって、洋菓子屋を買い取り、家族ぐるみで店を始める。その傍ら、父親は、町の靴下工場などの会計係などをして収入を得るようになるが、その生活は決してゆとりのあるものではなく、車なども所有できず、家族ぐるみでバカンスを楽しむことはなかったという。

教皇自身も、自転車でケーキの配送などをして、店を手伝ったりしていたという。また小学校を卒業すると、父親から会計士事務所に働きに出されたり、清掃員やナイトクラブのドアマンのようなバイトの仕事をしたとも語っている。

温かな家庭の中で育ち、貧しい普通の庶民の間に交じってもまれながら成長した教皇からは、上昇志向も権力志向も感じられない。

私には、教皇の司牧姿勢に大きな影響を与えたのが、司祭や司教になってからスラム街の人々と積極的に関わってきたことだったように思われる。

カトリックの伝統を受け継いでいる国々にあっては、聖職者の社会的な地位は高い。司教ともなると、さらに高くなる。人々は、高貴な貴族に向き合うかのように、司教たちと向き合い、最大限の敬意を示す。

しかし、それは罪ある人間にとっては、誘惑である。そうした甘さに甘んじて、それで良しとしてしまう司教たちは少なくない。そうした誘惑にのみ込まれてしまうと、司祭・司教としての本来の輝きを失い、過酷な現実を生きる人々から遠い存在になってしまう。

教皇が人々の生活から遊離しないように心がけようとしていたことは、教皇が、司祭・

司教になってからも、積極的にスラム街に通い、貧しい人々の傍らにとどまり、寄り添い続けようとしていたことからも明らかである。

そのスラム街での人々との出会いが、教皇の教会に対する認識を先鋭化させたのではないかと私には思われるのである。

周知のように、中南米の世界の貧富の差は、大である。裕福な人々は一〇%、残りの九〇%が、その日の糧に事欠く人々である。中でも、スラム街で生活する人々は、極度の貧困状態にある。

安定した職はなく、失業率は高い。子どもたちの大半が、満足がいくような教育は受けられない。教育水準の低さと高失業率とが重なり合って、家庭は悲惨である。多くの男女はきちっとした式を挙げるでもなく夫婦となるが、収入が乏しく、安定した職もないため、家庭内暴力が絶えず、離婚、再婚が繰り返される。子どもたちの中には、三人目、四人目の継母、継父と同居しているというケースも珍しくない。スラム街に生活する人々は、なかなか貧困、家庭内暴力、家庭崩壊の鎖から抜け出せないのである。

彼らにとって教義や掟に沿って生きることは不可能に近い。そうした人々にとって何よりも必要なことは、何も要求せず、どこまでも温かく寄り添い、どんな状態になっても、あなたは尊いかけがえのない存在であるというメッセージを伝え続けることである。

教会の現状に対する教皇の手厳しい批判は、スラム街に積極的に赴《おもむ》いたことによって育まれたに違いないのである。

教皇が真摯《しんし》に願い求めることは、教会のすべての仕組みが神の底知れない憐れみに息吹かれ、過酷な現実の中でぼろぼろになって生きている人々の希望となる教会に改革されていくことである。

教会の本来の姿は……？

教会は敷居が高い!?

フランシスコ教皇は、心の底から教会の改革、変化を求めている。教会は、人々の慰め、支え、癒やし、希望にならなければならないと願ってのことである。そうならなければ、教会には存在する価値がないとまで思っているかのようである。

教会を愛し、教会の究極の使命は、人々と真実に向き合い、寄り添っていくことにある、と確信する教皇にとっては、今日の教会の現状は確かに物足りないに違いない。教会を手厳しく批判するのも、教会が、人々が生きている現実から遊離し、叫びを上げている人々に応えられていないという悲しい現実を、しばしば体験してきたからに違いない。

先に指摘したように、確かに現状の教会は敷居が高く、悩み苦しむ人々には近づきがたい存在なのである。

教会と聞いて一般の人々がイメージするものは、信者たちが集まって祈りをささげる聖堂や典礼、それに教皇をピラミッドの頂点とする聖職者たちを中心とした組織、そして崇高な倫理・道徳に沿って生きようとする人々の共同体というようなものである。しかし、人々の目に映る教会が、教会のすべてではないし、教会の本質でもない。

歴史を振り返ってみれば、教会には、街中に聖堂を建てることさえできなかった時代もあったし、キリスト者と分かるだけで弾圧されてしまう時代もあった。さらにまた、崇高な倫理道徳や教義が確立していない時代もあった。それでも教会は、多くの人々のよりどころになってきていたのである。

歴史の中で形成されてきた教会の建物や崇高な教義や理念などの表面的な姿と教会の本質とを同一視してしまったり、それにこだわり続けていたりすれば、いつまでたっても、教会の敷居は高いままである。

本来の教会は、誰もが気安く近づくことができる存在だったはずである。それは、出発点の教会のメンバーたちが、経済的にも社会的にも恵まれていない底辺の人々が中心になっていたことからも明らかである。

その点で、パウロが、コリントの信徒に宛てた手紙が参考になる。彼は、初代教会のメンバーについて次のように語っている。
「兄弟たち、あなたがたが召されたときのことを、思い起こしてみなさい。人間的に見て知恵のある者が多かったわけではなく、能力のある者や家柄のよい者が多かったわけでもありません。ところが、神は知恵ある者に恥をかかせるため、世の無学な者を選び、力ある者に恥をかかせるため、世の無力な者を選ばれました。また、神は地位のある者を無力な者とするために、世の無に等しい者、身分の卑《いや》しい者や見下げられている者を選ばれたのです。」（一コリント1・26〜28）
教会の改革を呼びかける教皇に応えていくためには、教会の本来の姿を見極めていく必要がある。

「エクレジア」という言葉から……

「教会」についての思い込みや先入観を払拭《ふっしょく》し、教会の本来の姿を理解していくためには、「教会」と邦訳されているギリシャ語「エクレジア」という言葉に目を向けてみることである。「教会」という訳は、「教会」の中心があたかも「教え」にあるかのような印象を与えてしまうが、「エクレジア」という言葉には、「教え」や仰々《ぎょうぎょう》しい儀式をほのめかすニュアンスは全くない。

漢字の世界に生きる人々のために、ギリシャ語「エクレジア」を最初に「教会」と訳してしまった者は、十九世紀に中国に渡った宣教師たちである。日本語訳としては江戸時代の末期、マカオで宣教していたギュラッフ牧師の「寄り合い宿」という訳がある。この訳は、「教会」という訳とは違って、温もりを感じさせる。しかし、残念なことにギュラッフ訳聖書は、時代が幕末であったこともあって、日本にはほとんど影響を与えることはなかった。

明治になってからは、明治学院を創設した米国長老派教会の宣教師だったヘボン氏の「集会」という訳がある。その後、明治の半ばに結成された聖書翻訳委員会が「教会」と訳し、それが定着して今日に至っているのである。

ところが、当時のギリシャの世界では、「エクレジア」は、「誰かの呼びかけやある人の人柄に惹《ひ》かれて集まった人々のグループ、党派、団体」という程度のものだったのである。キリスト信者たちは、それを、キリストに出会い、キリストに惹かれて集まった人々の集まりに当てはめたのである。

この「エクレジア」という言葉は、使徒たちの手紙の中では頻繁に使われているが、しかし、正確な定義は見当たらない。恐らく、それは、定義を必要とするまでもない、誰もが日常的に使っていた言葉だったからに違いない。

しかし、一箇所だけ、「エクレジア」についての定義らしきものを見いだすことができる。それは、コリントの人々に宛てたパウロの手紙の冒頭である。

「コリントにある神の教会へ、すなわち至るところでわたしたちの主イエス・キリストの名を呼び求めているすべての人と共に、キリスト・イエスによって聖なる者とされた人々へ。」（一コリント1・2）

冒頭のコリントの人々への挨拶にあたる流れの中なので、当のパウロにも、「エクレジア」について正確に定義するつもりはなかったと思われる。しかし、その何気ない表現から、当時「エクレジア」がどのような意味で使われていたかを、知ることができる。

パウロは「エクレジア」を、「キリストの名を呼び求めるすべての人、キリスト・イエスによって聖なる者とされた人々」と明言しているのである。したがって「キリストの名を呼び求めている人々」が、どんな人々であったかを見極めていけば、本来の教会の姿が明らかになってくるということである。

罪深い女とキリストの出会い……

ここでは、ルカによる福音書が伝えている、罪深い女と言われている女性とキリストとの出会い（ルカ7・36〜50）のエピソードを取り上げてみたい。彼女も、キリストの名を呼び求める人々の一人になったと思われるからである。

そのエピソードは、ファリサイ派の人がキリストを家に招いたというところから始まっている。そこに一人の女性が飛び込んでくる。ルカによる福音書は、彼女をその町の「罪深い女」と記している。

彼女は、泣きながら、香油の入った壺を抱え、後ろからキリストの足元に近づき、その足を涙でぬらし、自らの髪の毛でぬぐい、その足に香油を塗っていったのである。

それを見た家の主人は、彼女に冷たい目を向けるだけでなく、罪ある女性が自らの身体に触れるままにしているキリストにも、非難の矛先を向けてゆく。「罪人に接し触れる者は汚れる。神は罪人を嫌われる」という固定観念に縛られてしまっていたからである。

それに対して、キリストは「あなたの罪は赦された」と女性をかばい、「安心して行きなさい。あなたの信仰があなたを救った」と言って、彼女に安らぎと慰めを与える。こうして彼女も、キリストの名を呼び求める人々の一人になった、と理解しても間違いではないだろう。

そこで確かめなければならないことは、彼女がキリストの何に惹かれて、その場に飛び込んでいったのか、その理由である。

ルカによる福音書は、彼女は「罪深い女」と記すだけで、彼女が具体的にどのような生活をしていたのか、説明していない。ほとんどの聖書注解者は、彼女の生業《なりわい》を売春婦としている。実際そうだったのか確証はないが、ここでは「売春婦」であったという仮定に立って、彼女の心の内を推し量りながら、彼女がキリストの何に惹かれたのか、そしてキリストが彼女に何を与えたのかを確認していきたい。それによって、「キリストの名を呼び求める人々」の姿が明らかになり「エクレジア」の本来の姿がはっきりと見えてくるからである。

人々の中でも神の前でも、そして自分の中にも安らかな居場所を見いだせない

女性として生まれてきて、自ら好んで、不特定多数の男性に体を提供して生活の糧を得ようとする者は、恐らく一人もいないだろう。その背後には、それぞれ痛ましい人生があり、重い重荷を背負いながら生きてきているに違いない。

例えば、親を失って、身近に頼れる親戚・縁者もなく、幼い頃から一人で生きざるをえない女性だったかもしれないし、憎み合う両親に嫌気がさして家を飛び出して生きてきた女性だったのかもしれない。また、親たちが病弱であったり、夫に職がなかったりして、家族を支えるためにやむをえず、その道を選択した女性だったのかもしれないし、また貧しい親たちから売られてしまった女性だったのかもしれない。

そんな境遇にある女性たちが、生きるためとは言え、体を元手に生活していくことは、惨《みじ》めでつらいことである。

世間の目は冷たい。一歩家の外に出れば、人々のさげすむ冷たい目にさらされ、どこに行っても、差別に満ちたまなざしを肌に感じて、決して気を休めることができない。針の筵《むしろ》の上に座るような日々であったに違いない。

また信頼できる頼りになる男性でもいれば、気持ちは、少しは和らぐことができたであろうが、それも簡単なことではなかったろう。というのは、自分たちの体の上を通り過ぎて行く男性たちの弱さや汚さ、身勝手さや偽善性を知り尽くしてしまっていたわけだから、男性たちと付き合い、肌で触れ合っていても、心の底から委ねきることは難しい。

さらにつらいことは、神の前にも出ることができなかったことだろう。というのは、当時のユダヤ社会では、神は、掟《おきて》に背く者を容赦なく断罪し、厳しい罰を与える裁き手として教えられていたからである。彼女たちのような人生を生きている者たちは、裁き手としての神の前に心安らかな思いで出ることはできない。

日常の営みの中で重荷を負って生きている人間にとって、神に頼ることができないということは、悲しいことである。

さらにもう一つ、体を売って生きる彼女たちにとってつらいものがある。それは、内奥から突き上げてくる、自らを責める声である。生きていくためとはいえ、不特定多数の男性に体を提供しながら生きているわけだから、「自分は最低の仕事をしている」と責める声が突き上げてくる。その声を黙らせることも、無視することも難しい。その声が生きている限り、深いコンプレックスを抱えたまま、生きることになる。自分の生き方を肯定できないまま生きることも、またつらいことである。

つまり、キリストのもとに飛び込んできた女性は、神の前にあっても、人々の中にあっても、そして自分の中に戻っても、安らぐことができず、深い諦め、深い孤独感、そして不安感に覆われていたに違いないのである。

恐らく彼女は、それまで群衆に混じってキリストの説教を聞いたり、キリストが貧しい人々や病んだ人々に近づき、言葉をかけたり手を差し伸べていく姿を遠くから見たりして、キリストの全存在からあふれ出ているものが、柔らかで温かなものであることを直感的に感じ取り、機会があれば、傍らに行って、それに触れ、包まれたいという思いを募らせていたに違いない。

そんなキリストが自分の身近なところに客人としてきたのである。それを知って、矢も盾もたまらなくなって、衝動的にキリストのもとに飛び込んで行ったのであろう。

そんな彼女を、キリストは、何一つとがめず、そのすべてを包み込んでいったのである。

人は、誰もが、その生の根底で、柔らかで刺《とげ》がなく、温かく包み込んでくれる他者との出会いに飢え渇いている。

実に罪深い女と言われた女性をはじめ、キリストの名を呼び求める人々は、周りの社会の中には決して見いだせない、人間としての根源的な飢え渇きに応えてくれる柔らかで温かないのちを、キリストの中に見いだしたのである。

実に「エクレジア、教会」とは、キリストの優しさに触れた人々の共同体にほかならない。「エクレジア、教会」の中心に燃えているものは、人間一人ひとりに対するキリストの底知れない温かさや、柔らかさ、優しさである。教会が、二千年の時空を越えて、多くの人々のよりどころになってきたのは、その奥深くで人間の根源的な飢え渇きに応えるキリストの心が燃え続けていたからである。

残念なことに、長い歴史の歩みの中でその炎がさまざまな覆いで覆われてきてしまったのである。教皇は、その覆いを取り除いていくことを、教会全体に呼びかけているのである。

イエスを外に出さない、自己中心的な教会は、病気だ！

イエスを外に出さない、自己中心的な教会は、病気だ！

「**自己中心的な教会は、イエスを自身の目的のために利用し、イエスを外に出さない。これは病気だ。教会機関のさまざまな悪なる現象はそこに原因がある。この自己中心主義は教会の刷新のエネルギーを奪っている**」と述べ、そして最後に、「**二つの教会像がある。一つは福音を宣べ伝えるため、飛び出す教会だ。もう一つは社交界の教会だ。それは自身の世界に閉じこもり、自身のために生きる教会だ。それは魂の救済のために必要な教会の刷新や改革への希望の光を投げ捨ててしまっている。**」（二〇一三年三月）

実は、これはベネディクト十六世が引退した直後の、次期教皇を選ぶための準備の枢機卿会議の中で、教皇がまだ枢機卿時代の発言なのである。そこで「教会は病気だ」とまで口にしたのである。

そこに列席していた枢機卿たちが、どのように反応したか私には分からない。が、多くの枢機卿たちは驚いたにちがいない。中にはその発言に眉をひそめた方もいたかもしれない。しかし、枢機卿団は、そのような枢機卿をあえて教皇に選出したのである。

「自己中心的な教会は、イエスを自身の目的のために利用し、イエスを外に出さない。こんな教会は、病気だ」という教皇の言葉には、それなりの背景があるはずである。

教皇が、どのような教会を願っているのか、それを見極めるためにも、まずは教皇の言葉の背景を確認してみたい。

「綱紀粛正を求めた」トリエント公会議から代々受け継がれてきたDNA

「イエスを外に出さない教会」という言葉で、まず、私の頭に浮かび上がってきたものは、十六世紀に教会が分裂した後の、プロテスタントからカトリック教会を守らなければならないという思いから生まれた教会の護教的な体質である。

教会分裂を招いた責任は無論、教皇をはじめとする当時の高位聖職者たちの腐敗堕落と、いかがわしい免罪符の乱発にある。分裂の直接のきっかけは、メディチ家出身のレオ十世（在位：一五一三〜二一年）によるサン・ピエトロ大聖堂改築のための資金集めだった。

その頃のヨーロッパ社会は、英仏の対立による百年戦争やペストの蔓延《まんえん》、それに度重なる農民一揆などで混乱し、完全に疲弊しきっていた。それにもかかわらず、教皇は大聖堂の建築を決め、大規模な寄付集めを計画し、免罪符などを乱発したのである。

人々の生活が困窮しているにもかかわらず、大聖堂の建設、そしてそのための大規模な資金集め。それはキリストの福音に反する、と声を上げたのが、ふだんから教会の腐敗堕落を目の当たりにして心を痛めていたルターなのである。

彼によって始まったプロテスタント運動は、腐敗堕落した教会の刷新・改革を求めたムーブメントとして理解すべきことだったが、互いに理解できずに、教会の分裂を招いてしまったのである。

分裂の痛みを体験したカトリック教会も、トリエント公会議（一五四五〜六三年）を召集し、刷新・改革を図ろうとした。当時の混乱した社会状況から公会議は断続的な開催になったが、十八年の歳月をかけて、司教たちは教会の浄化と刷新について話し合い、分裂のきっかけとなった聖職者たちの腐敗堕落を払拭するために厳しい規律を設け、掟を前面に打ち出して、教会全体の綱紀粛正を図ると同時に、プロテスタントとの違いを明確にするために教義をまとめ、それをトリエント公会議の要理として一般に示して、教えと規律を中心とした流れを、カトリック教会の中に生み出したのである。

トリエント公会議が打ち出した方針が、どんなに厳しいものであったかは、ハインリヒ・デンツィンガー（一八一九〜八三年）がまとめた『カトリック教会文書資料集』（一八五四年）を見ればよい。

『カトリック教会文書資料集』は、古代から近代に至るまで、公会議で採択された公文書・教令などをすべてまとめたものである。その中のトリエント公会議でまとめられた教令・文書には、他の時代のものと比べると、明確な特徴がある。それは、教義や掟を扱った文書の最後には、必ず、それに背く者、それを否定する者は、「排斥される」という文言が付け加えられていることである。それは、プロテスタント運動からカトリック教会を守りたいという強い思いと、綱紀粛正を徹底しなければならないという当時の教会の明確な意思を表すものだったのである。

教会を刷新しなければならないという明確な姿勢は教会の隅々にまで浸透し、そのおかげで教会は浄化され、新しく生まれ変わることができたのである。聖職者たちの腐敗堕落を一掃し、カトリック教会内の一体感を育てたという点で、トリエント公会議の貢献は大である。

しかし、信者たちは教えと規律で縛られるようになり、教会全体が教えと規律の枠をもって、世界の人々と向き合う共同体になってしまったのである。その姿勢は、第二バチカン公会議の後でも払拭されず、教会全体を無意識のうちに縛り、動かしてきてしまっているのである。

「**イエスを外に出さない**」という教皇の発言は、キリストとの出会い、キリストに結ばれるためには教えを学び、掟に沿って生きなければならないというトリエント公会議以来の教会の姿勢を指しているのである。教皇が求め願うものは、教義や掟の枠を超えて、厳しい現代社会の現実の中で傷つき、悩み苦しむ人々そのものと直接向き合い、その心に触れ、寄り添おうとする教会なのである。まさにそれは、人々と共に歩もうとされたキリストの姿なのである。

教皇は、教会のすべての営みの中に、柔和・謙遜なキリストの姿を輝かせたいのである。

世俗主義として社会を断罪し、社会の営みから距離を置く教会

その後、カトリック教会の護教的な姿勢をさらに強固なものにしてしまったものは、近代主義の台頭である。

近代主義とは、十七世紀以降のヨーロッパ社会全体に芽生えた新しい価値観・世界観によって生みだされた新しい流れを指す。

その流れを支える価値観・世界観とは、フランス革命の際に掲げられた「人間はみな自由・平等」であるという理念と、ガリレオ問題に象徴される合理主義・実証主義と、それに産業革命とともに誕生した資本主義経済がもたらしたお金至上主義、経済的な豊かさ至上主義である。

合理主義・実証主義は、聖書の信憑《しんぴょう》性に疑いを抱かせ、資本主義経済は、人々の心を神から引き離して富の豊かさになびかせ、信教・信条の自由は、人々の教会離れを勢いづかせてしまうものだったのである。

実に新しい流れは、それまでは誰一人疑うことがなかった神の存在に疑問を抱かせ、

教会に対する不信感をあおるものだったため、教会は新しい流れを危険な毒として受け取り、それと真っ向から立ち向かわざるを得なくなったのである。

ピオ九世（在位：一八四六〜七八年）から始まって、ピオ十二世（在位：一九三九〜五八年）に至るまでの歴代教皇に共通するものは、近代主義との闘いであり、人々の営みを世俗主義として厳しく断罪し、その毒に教会全体が毒されないよう、教会内の引き締めを行っていったのである。

その中でも最も目立つのが、ピオ九世である。彼は、機会がある度ごとにカトリック教会の確かさと揺るぎなさを訴え、近代主義を糾弾し続け、そのための回勅を幾つも出していくが、その中でも有名なものは、一八六四年十二月八日に公布した回勅『クワンタ・クラ』（Quanta Cura）である。直訳すると『なんと心配なことか！』になる。

その中で教皇は、自由主義、合理主義、実証主義、さらにはまだ芽生え始めたばかりの社会主義や共産主義まで糾弾し、その回勅の公布に合わせて、「誤謬表」を発表する。それは、近代主義の考え方を八十の命題、項目にまとめ、過ちとして列挙したものである。

また、教会は一致団結して闘わなければならないという思いから、教皇は教会の引き締めに手をつける。世界に散らばる教会を統合し、カトリック教会を、教皇をピラミッドの頂点とした、強固な中央集権的な組織に導いていったのである。
教皇の下でその手足となって働くバチカンの省庁が、大きな権威を持つようになり、全世界の教会に対して非常に大きな影響力を及ぼすようになってしまったのも、このような背景からである。

さらにまたピオ九世は、第一バチカン公会議（一八六九〜七〇年）を召集し、その中で教皇の不可謬《ふかびゆう》権《けん》を信仰箇条として宣言する。教皇は不可謬であるという教義は、教会が示し伝える教義に、信者たちが疑念を抱くことなく受け取っていくことができるための根拠となっていくのである。

このような教会の姿勢によって、十九世紀以降の教会は、教義について疑うことも議論することも許されない重々しい雰囲気に覆われるようになり、教会全体がある種の思考停止状態に置かれるようになってしまったとも言えるのである。聖職者をはじめ、信者たちの言動を監視し、それを取り締まる機関として検邪聖省が生まれたのも、この時期である。

教会は単なる組織ではなく、キリストを頭とする神秘体であり、教会そのものが救いの秘跡である、教会に触れるものはキリストに触れる、などという教会の神秘的な側面を強く訴えたのが、ピオ十二世である。つまり、教会に触れ、教会につながっていくことの重要性を強調したのである。

しかし、一般社会の営みを上からの目線で世俗主義として断罪し、対話を拒み続けていったため、教会が世界の営みに対する影響力を失っていくのは、当然なことである。それは、第一次世界大戦、第二次世界大戦が勃発し、多くの町や村、そして都市が破壊され、多くの人々が血を流し、多くの人命が奪われていく悲惨な状況に、何一つ手を打つことができなかったことからも、明らかである。

ヨハネ二十三世の呼びかけによって開催された第二バチカン公会議後、かたくなな教条主義、秘跡中心主義、そして権威主義は和らぎ、教会全体が自由な息吹を取り戻し、社会との対話をも心がけるようになって、カトリック教会全体が大きく変わったことは確かである。

しかし、トリエント公会議後、数百年と受け継がれてきた護教的な姿勢、教義や秘跡を中心とした姿勢、そして上からの目線で社会を見、人々に語りかけていこうとする聖職者主義は、根底から払拭されているとは言えない。教えて学ばなければならないという意識は、今もって私たちの心の奥深くに受け継がれており、無意識のうちに、それに縛られ、動かされてしまっているということである。

現教皇は、カトリック教会が、今もって教条主義、秘跡主義、権威主義から抜け出せず、教義の枠の中でキリストを伝えようとする傾きがまだまだ強く、複雑でしかも過酷な社会の仕組みの中でもがき苦しむ人々と直接向き合おうとしてないことにいら立ち、そんな教会の姿を「自己中心的な教会」、つまり「自分たちの正統性を守るためだけの教会」と断罪し、嘆かれたのだと思われる。

教皇の心の中心にあるものは、労苦する人、重荷を負って人々を招こうとしたキリストであり、人々への温かな神の憐れみの心である。教皇は実に、そうしたキリストを見つめながら、憐れみの愛に軸足を置いた教会共同体全体の転換を求め、願っているのである。憐れみの特別聖年を呼びかけたのも、そのためだと思われる。

三、使徒的勧告『愛のよろこび』から

現代のカトリック教会における「シノドス」の意義

二〇一六年、教皇は、家庭に光を当てた使徒的勧告『愛のよろこび（アモーリス・レティティア）』を発表した。それは、二〇一四年は「福音宣教の観点から見た家庭の司牧的課題」の観点から、二〇一五年は「教会と現代世界における家庭の召命と使命」という観点から、二回にわたって家庭をテーマにして開催されたシノドス（世界代表司教会議）の実りを踏まえたものである。

したがって、その中に込められた教皇のメッセージを正確に理解するためには、二回のシノドスでどのような議論がなされたのか、またそれが使徒的勧告にどのように反映されたのか、確認してみることは、大事なことである。しかし、その内容に直接触れる前に、シノドスそのものが、現代のカトリック教会にとって、どのような役割を果たしているのか、確認してみたい。

第二バチカン公会議後 シノドスが設けられた理由と背景

そもそもシノドスとは、ギリシャ語の「ともに歩む」という意味の言葉である。その歴史は新しく、一九六五年、第二バチカン公会議後、公会議の意向に沿ってパウロ六世によって設置されたものである。

それは、それまでのカトリック教会が、教皇とその下で働くバチカンを中心とした諸官庁の指導に縛られすぎて柔軟性を失い、絶えず変化してやまない世界の実態についていけなくなり、人々からも社会の営みからも遊離してしまったという反省から生まれたものである。

それ以前のカトリック教会が、どんなにバチカンの指導と方針に縛られていたか、そして硬直していたかは、ミサの典礼などの公式の儀式では、ラテン語の使用が義務づけられていて、それぞれの地域の言語の使用が許されなかったり、検邪聖省などが設けられ、伝統的な教義に背くことのないように信者たちの言動が厳しく監視されたりしていたことなどからも明らかである。

カトリック教会全体を、教皇をピラミッドの頂点とした中央集権的な強固な体制に導いたのは、ピオ九世である。それ以降、歴代教皇は、絶対的な権威をもった存在としてカトリック教会の頂点に座し、一般の信徒は無論のこと、教皇から直接任命されて世界各地で働く司教たちさえも、気軽に相談することもできない遠い存在になってしまっていたのである。

それでも教皇とバチカンが全世界のカトリック教会に対する責任を果たせたのは、世界各国に遣わされていた大使や各地で活動する宣教師・修道者たちから寄せられる情報のおかげであった。

今日とは異なって、二十世紀の前半までのバチカンの情報収集能力は高く、世界のどの国よりも抜きんでていたことは事実である。そうした情報によってバチカンは、世界各地の状況を知り、全世界のカトリック教会に対して指導力を発揮することができていたのである。

しかし、そうした情報に基づいて作成される指導書簡や教書は、第二次世界大戦後、世界が複雑で多様になっていくにしたがって、それまでのような指導力を発揮することができなくなっていった。幾つかの理由からである。

まずその一つは、教皇やバチカンの指導者たちが、バチカンの外の社会の中に身を置いて苦労した経験が乏しく、そこで起こる出来事の背景や問題点についての十分な認識がないままに、世界に向けた指導書簡や教書をまとめていたことにある。

権威が無条件に敬われていた時代では、バチカンからの指導は素直に受け取られていたかもしれないが、二十世紀半ばの学生運動などに見られるように、すべての権威の真偽が問われる時代に入り、人々の自意識が高まるようになってからは、社会の現実体験の裏付けが乏しい文書は説得力がなく、たとえバチカンからの文書であったとしても、そのままでは受け取られることが難しい時代になってしまっていたのである。

またアジアやアフリカなどの教会などでは、別の理由から、そのまま受け取ることが難しい文書が多くなっていたことも、見逃せない。というのは、ほとんどの文書が、キリスト教が深く浸透した欧米文化に慣れ親しんだ人々の感性と発想によってまとめられていたからである。そうした文書が、欧米とはまったく異なる歴史や文化の中で生きる人々にはしっくりいかないのは、当然である。そのままでは反発を招きかねないような指導が示されていたこともまれではなかった。

私の体験からしか推測できないが、自分たちには明らかになじまないと思えるローマからの文書に戸惑い、その対応に困ってしまうような体験をしたことのない司教は、アジアでは一人もいないのではないか、と思われる。

さらにまたバチカンからの文書や教書が、人々の心に響かなくなっていったもう一つの理由がある。それは、文書をまとめる人々の、現実社会の過酷さについての理解不足と、日々の生活の中でもがき苦しみながら生きる人々に対する温かなまなざしの欠如によるものである。

産業革命以降、社会は経済を中心とした厳しい競争社会に変わってしまい、そこで生き抜くことができる者は能力に恵まれた者で、貧しい者は、さらに厳しい貧しさの中に追いやられるようになり、貧富の格差はますます広がっていく一方の社会になってしまった。

そうした人々のつらさや惨めさは、妻子を抱えたこともなく、会社勤めをしたこともない聖職者たちに分かるはずがない。人々の痛みやつらさを実感できない聖職者たちが中心となってまとめられる指導書簡や文書が、たとえ、その内容が教義的にはどんなに正しいものであったとしても、人々の心に響かないのは当然である。

こうして十九世紀から二十世紀にかけて欧米社会での教会離れが進み、教会は人々には魅力のない存在になってしまっていたのである。

現代教会の活性化に貢献したシノドス

教会が現実社会から遊離し、そのメッセージが人々の心にストレートに響かなくなってしまった事実を直視し、教会の刷新を求めて開催されたのが第二バチカン公会議だったのである。

公会議に出席した司教たちが、教会の社会からの遊離の克服を求めて提案した数々の具体策の中の一つが、シノドスだったのである。教皇と世界各地の司教たちと一堂に会して分かち合い、議論する場を設けてカトリック教会の中の風通しを良くしようと願ったのである。

シノドスはこれまで十五回も開催されてきたが、公会議に参加した司教たちの当初の願いどおりに、シノドスのおかげで、中央集権的な体制は和らぎ、カトリック教会全体が活性化し、対話型の共同体に変わり始めたことは確かである。

シノドスでまず変えられたのは、教皇たちである。それまでは孤高を保ち、司教たちと気安く言葉を交わすことさえ難しかった教皇も、司教たちと率直に言葉を交わしたり、意見を交換したりすることができる場を与えられ、その交わりを介して、自らの心で直接世界各地の状況とその問題を感じとり、世界に対する認識を深めて視野を広げ、これまでとは異なった視点で物事を考えることができるようになったのである。

司教たちも恩恵を受けている。司教たちの多くは、それぞれ派遣された地域では孤独である。心を打ち明け、親身になって相談に乗ってくれる信頼できるブレーン（知的顧問）に恵まれている者は、実は少ない。また責任感の強い司教ほど、山積する地域の課題と真剣に向き合い、そのため、ともすると目先のことに追われ、広く世界を見る余裕を失い、視野が狭くなり、蛸壺《たこつぼ》的になっていく。

そんな司教たちにとっては、教皇に直接まみえ、教皇と共に考える場を与えられることは、何よりの支え、励ましになる。また他の地域で働く司教たちと交わり、議論し合うことによって、孤独感は癒やされ、視野も広がる。

シノドスのおかげで、教皇と司教たち、そして司教たち自身が啓発され、相互理解と連帯感を深めることができるようになったのである。

さらにまた、シノドスの事務局が、一般の信者たちの声を吸い上げようとして、工夫したことも軽々しく見落としてはならない、新しい点である。

その工夫とは、議題についての質問票を作成し、全世界の教会に公にし、協力を呼びかけたことである。実に、その質問票には、一般信者も個人的に答え、それを事務局に直接送付することもできるのである。

事務局は、全世界から寄せられた回答書をまとめ、整理して会議に提示する。司教たちは、それを参考にしながら、会議を進めていくのである。

こうして一般信者も、間接的ではあるがシノドスに参加することができるようになったのである。それは、聖職者たちが中心となって歩んできたそれまでの教会の歩みの中では画期的なことなのである。

実にシノドスは、キリストから託された責任を、教皇、司教、一般の信者たちが、一つの丸いテーブルを囲んで、意見を交換し、互いに補い合い、ともに協力し合っていく、これまでの教会に見られなかった新しい形を生み出したとも言えるのである。

カトリック教会の多様性、多面性の具現の場としてのシノドス

もう一点、シノドスが、全世界の活躍する教会の多様な姿を具現する場としての役割を果たしていることも見逃せない。

シノドスで討議される議題はあらかじめ教皇から提示されるが、その議題に対する司教たちの考えや世界各地から寄せられる声は、実にさまざまである。そうしたさまざまな意見や考えが、シノドスの場で披瀝《ひれき》され、そこにカトリック教会の多様な姿、さまざまな顔が表れるのである。

カトリック教会の本質は、組織ではない。キリストに出会い、キリストによって生きる光と力を与えられた人々によって成り立っている共同体である。一人ひとりが、その全体を支えるための生きた細胞であり、一人ひとりの信仰の表し方が、教会の豊かさにもなっているのである。

一人ひとりの信仰の生き方、表し方は、決して同じではない。福祉活動に重きを置く者もいれば、祈りや黙想に重きを置く者もいれば、地域の教会への奉仕に重きを置く者

もいる。

また教会についての理解も､同じではない。使徒継承の位階制を重視する者もいれば、教義の遵守にこそ、カトリック教会のアイデンティティーが保たれるという信念の持ち主もいれば、素朴な愛の実践にこそ教会の本質があると言う者もいる。

しかし、罪深い人間にとって、その違いを穏やかに受容することは簡単なことではない。過去の教会の歴史を振り返ってみれば明らかなように、その多様性を認めることも包み込むこともできずに、互いに反発し、排除しあって、分裂を招いてしまったことは、一度や二度のことではない。実に教会の歴史は、分裂の歴史だったと言っても言い過ぎではない。

近年になってからは、教会は、合理主義やプロテスタンチズムから自らを守るため、検邪聖省などを設け、教義に背くと思われる言動は、芽が小さいうちに摘み取ってしまうという厳しい方針をとってきた。そのため第二バチカン公会議までのカトリック教会は、多様性に対して寛容さを欠き、教義に関しても自由な発言を許さないような堅苦しい雰囲気に覆われていた。

その固い雰囲気を和らげたのが、シノドスなのである。それは、シノドスの本質によるものである。シノドスが目指すところは、教義の決議ではなく、司教たちが議論し、問題点を明確にして、全世界の教会に責任を担う教皇の働きを支え、補佐することにある。教皇は、司教たちの議論、提言を受けてまとめ、それを使徒的勧告として発表するのである。

そのため、シノドスでは、たとえそれが伝統的な教義に背くと思えるものであっても、それは教会の多様性の表れとして受け止められ、自由に発言し、議論することができるようになったのである。それは検邪聖省などが力を振るっていた時代には考えられないことである。

互いに対立するような意見を述べ、互いに議論し合うことによって、教会の中に柔軟性とダイナミズムが育っていくのである。そこから、教会は、世界の人々を照らし、包み込む真の光を見いだしていくことができるようになるのである。教皇の使徒的勧告には、そのような光が盛られているのである。

家庭・家族の価値とその尊さ

家庭の価値、そして尊さ……

家庭をテーマにした教皇フランシスコの使徒的勧告『愛のよろこび』の日本語訳が完成し、この度ようやく出版された。他の国の言語には早くから訳されていたが、これで日本の読者も、現代の家庭に、教会がどのような姿勢で向き合おうとしているのか、自らの目で確かめることができるようになった。

この文書は、家庭をテーマにして二回にわたって開催されたシノドスの成果を基に、教皇がまとめたものである。なぜ、家庭をテーマにして二回にわたってまでシノドスを開催したか、その理由を教皇は、その序章で次のように明らかにしている。

「結婚が危機的状況にあるという多くの兆候があるにもかかわらず、家庭を持ちたいという願いは、依然として、特に若者の間に健在で、それが教会を促しているからだ」と。

「それが教会を促した」と述べているように、教皇は、離婚が増加したりなどして、家庭の魅力が薄れてしまっている社会の傾向にもかかわらず、結婚したいと願う人々の気持ちは萎《な》えるどころか、依然として健在なのを見て、心動かされ、家庭が人々をしっかりと支える場になってほしい、という思いからシノドスを召集し、使徒的勧告をまとめた、とその心の内を明かしているのである。

この使徒的勧告の根底に流れているものは、人々の支えになりたいと願う教皇の心である。歴代教皇と違って、神の憐れみの上に立って人々と向き合おうとする、そこに現教皇の特徴があり、今回の文書のメッセージを捉えるためには、その点に留意して向き合うことである。

人は、良き出会いに飢え渇いている

良きパートナーと出会って、共に家庭を築いていきたい、それは、すべての人の本能的願望と断言しても、言い過ぎではない。

本能的な願望と言っても間違いないと思うのは、結婚に失敗した多くの男女が、家庭を築くことの難しさを嫌と思うほど味わい、苦い体験をしてきたにもかかわらず、それでも、新しいカップルを求め、家庭を築こうとチャレンジしているからである。

『創世記』も、神の言葉として「人が独りでいるのは良くない」（2・18）と記している。それもまた、人間が、本能的に他者との出会いに飢え渇く存在であることを示すものである。

「独りでいるのは良くない」とは、「一人では、人生を全うできない」とか、「一人では生きる喜びを見いだすことができない」とか、「一人では、生きる意味を見いだすことができない」とか、「心を豊かにすることができない」とかいう広い意味がある。

人間にはさまざまな飢え渇きがあるが、その代表的なものは、住む場所への飢え渇き、食べ物への飢え渇きである。

住む場所が確保できなければ、人は、身を横たえることもできず、憩うこともできない。住む場所がないことがどんなに惨めなことであるかは、祖国を追われた難民たちの生活を見れば分かる。また食べ物がなければ、命を支えていくこともできないし、人生にチャレンジしていく活力も得られない。飢えと闘うためだけの人生になってしまう。

しかし、「住む場所」を与えられ、「食べ物」が確保できたとしても、それだけで、人は人生を全うできるわけでも、心が満たされるわけでもない。人間は人との出会い、交わりに飢え渇く存在なのである。「住む場所」や「食べ物」がなければ生きていけないのと同じようなレベルで、あるいはそれ以上のレベルで、人は、人との交わりに飢え渇いているのである。人と出会わなければ、人間としての人生を全うできないということである。

男と女が築く家庭・家族は、そうした人間の根源的な飢え渇きに応える共同体に他ならない。家庭を持つことができない人やとげとげしく冷たい家族の間で生活せざるを得ない人は、孤独で寂しい生涯を送ることになる。

教皇が家庭の問題に真剣に取り組もうとしたその理由も、人間の根源的な飢え渇きを満たす家庭の重要性を痛感していたからに違いない。

離婚が増加している現代世界にあって、家庭を人間の根源的な飢え渇きに応える共同体という視点から改めて見つめ直し、家庭が私たち人間にとって、どんなに大切な共同体であるかを確認し、その認識を深めていくことは、決して無駄なことではない。

人間の根源的飢え渇きに応える共同体として

①分業共同体として

家族の重要な役割の一つは、まずは、家族が互いに補い合い、助け合いながら、共に歩んでいくことである。

いまさら言うまでもないことだが、私たち一人ひとりは、万能ではなく、助け手を必要としている限界を持った存在である。それは、朝起きてから夜、床に伏すまでの一日を振り返ってみれば明らかである。

食べることができるのも、食事を作ってくれる誰かがいるからである。トイレで気持ちよく用を足すことができるのも、きれいに掃除をしてくれている家族がいるからである。

中には自分は能力や財産に恵まれている、だから自分には人の助けは必要ないと豪語する人がいるかもしれないが、それは、錯覚以外の何ものでもない。錯覚というのは、能力に恵まれたのも健康に恵まれたのも、育て導き支えてくれた家族がいたはずだからである。また、いずれ病に侵されたり年老いたりしたときは、傍らに寄り添ってくれる家族をはじめ、多くの人の世話にならなければならないはずだからである。

そもそも人類は分業共同体である。人類は、これまで、それぞれがそれぞれに与えられた能力などを互いに発揮して、助け合い、補い合いながら歩んできており、家庭も人類という大きな分業共同体の中の一つの共同体なのである。

実に、常に互いに支え、補ってくれる家族という共同体は、複雑で厳しい人生を歩まなければならない人間にとっては、貴重な助けなのである。

②生きがいとして

また、結婚は男女それぞれに、それまでの生き方を変え、新たな生きる意味、そして生きがいを与える。それもまた、家庭という共同体の大きな役割である。

結婚によって人の生きる姿勢がどんなに変わるかを理解するためには、結婚前の生き方と結婚後のそれとを比べてみればよい。

パートナーに出会えて結ばれるまでは、人は、それぞれ自分の幸せを求め、自分を中心に生きている。そんな人間が、誓いを交わすことによって、大切にしたいと選んだ相手を喜ばせ、幸せにすることを目指す人生に変わっていく。

それがまた、人生に張りを与え、苦労の多い日々を堪えていく力を人に与える。

それはまた、それぞれの生きがいにつながっていく。それは、「何を生きがいにしているか」という問いの回答に、サラリーマンの多くが、家庭・家族をトップにしていることからも明らかである。

家庭がそれぞれの生きがいになっていることは、結婚披露宴会場で、苦労して育ててきたわが子が、周りの人々から祝福されて幸せに包まれて喜ぶ姿を見て、親たちが「苦労してきたかいがあった」と目頭を熱くしている姿からも分かる。

実に結婚によって、自分の幸せよりも、大切にしたい相手の喜び輝く姿を思い描きながら日々を生きるようになる。また誰かを幸せにすることを目指して生きることが愛だとするならば、結婚によって人は、パウロが、愛は「すべてを忍び、すべてを信じ、すべてを望み、すべてに耐える」（一コリント13・7）と語っている愛の道を歩むことになるのである。

③互いにかけがえのない存在として

さらにまた、家族の中では、一人ひとりは、互いにかけがえのない大事な存在として向き合い、関わる。それは、一般社会の中での人と人との関わりで見いだせず、家族共同体によってしか与えられない貴重なものである。

人は、家の外では、あくまでもその他大勢の中の一人である。お客さんの一人、市民の一人、国民の一人であり、その極みは、マイナンバーで象徴されるような、顔のない一番号である。

また職場では、組織の中の一人、一つの歯車でしかなく、役に立たないと見なされれば解雇され、別の人が雇われていく。人は代替え可能なスペアでしかないのである。

しかし、家族の中にあっては、そうではない。それぞれ、代替えの効かない、かけがえのない存在なのである。家族の一人が病に倒れたり年老いたりして、その介護がどんなに負担になっても、家族は自らの疲れを顧みず、損得を超えて寄り添おうとする。

家族と一般社会での人と人とのつながりがどんなに違うかは、人が裁かれた時に、さらに明らかになる。大きな罪を犯した者には、国は法に基づいて向き合い、正義に基づいて裁いていく。その極端な形が死刑の宣告である。またその処刑に関して、みんな無関心で、誰一人涙を流さない。

しかし、家族の対応は違う。たとえ、家族の一人が大きな過ちを犯し、社会から激しく糾弾されても、家族はそれに耐え、苦しみ悲しみながらも刑務所などを訪れて最後まで寄り添おうとする。それは、それぞれが、かけがえのない存在として結ばれているからに他ならない。

さらにまた、現代世界の恐ろしさは、人が「能力の有無」「お金のある、なし」で計られてしまうことにある。能力がない者や役に立たない者は軽んじられ、片隅に追いやられ、「金の切れ目は縁の切れ目」と言われているように、お金がない者は、無視され、相手にされない。

しかし、家では別である。学校で仲間からつまはじきにされたり、いじめられたりした子どもたちや、職場で失敗し、上司からも得意先の客からも怒鳴られたりして心身ともに疲れ傷ついた男たちも、家に戻ればかけがえのない存在として大事にされ、心の底から安らぐことができる。

人を番号や歯車のように扱い、そして「役に立つ、立たない」「お金のある、ない」で計ってしまう現代世界にあって、家庭は、一人ひとりが人間としての尊厳を取り戻すことができる場であると同時に、その尊厳を守る貴重な砦《とりで》でもあるのである。

④全人格的な愛の交わりの場として

さらにまた、家庭は、夫婦が、一般社会の人と人との交わりとは異なって、それぞれが心の奥底まですべてをさらけ出して、互いを与え合い、交わり合う場なのである。それもまた、一般社会の人と人との交わりでは決して見いだせないものである。

心に触れ、心から交わる。それは、人間の飢え渇きの中の究極の飢え渇きとも言える。教皇は、それを神の似姿の現れと捉え、次のように語っている。

「三位一体の神は愛の交わりであり。家庭はその生きた似姿なのです。」（11項、邦訳18ページ）

夫婦の交わりの原型が、三位一体の愛の交わりにあると語る教皇は、夫婦に、三位一体の愛の交わりを目指すよう呼びかけているのである。

しかし、教皇が示す理想にたどり着くことは、夫婦にとっては、容易なことではない。というのは、男も女も、それぞれ自分の幸せ、満足を求めてしまう本能に支配され、それに毒されてしまっている罪人だからである。

自分を中心とした欲求・願望を克服することは、私たち人間には不可能である。それを可能にしてくれるのが、「わたしたちに与えられた聖霊によって、神の愛がわたしたちの心に注がれている」（ローマ5・5）とパウロが指摘しているように、神の霊である。

夫婦が愛の道を深め、豊かにしていくためには、当人たちの努力もさることながら、神からの愛の息吹を求めようとする絶えざる祈りが欠かせないのである。

漢字の「喜び」と平仮名の「よろこび」

現教皇は、これまで二つの使徒的勧告を公にしている。『福音の喜び（原題 *Evangelii Gaudium*）』（二〇一三年）と『愛のよろこび（原題 *Amoris Lætitia*）』（二〇一六年）である。前者は、現代世界に向かっての福音宣教をテーマにしたもので、後者は、複雑な社会の現実の中で、さまざまな形で揺らぐ家庭・家族に光を当てたものである。

気にかかるのは、その表題である。というのは、最初の使徒的勧告の表題の原題は「Gaudium」、後者のそれは「Lætitia」と異なっているにもかかわらず、邦訳の表題が、漢字・平仮名の違いはあるが、いずれも「よろこび」になっているからである。

日本語に訳すとなると、「Gaudium」も「Lætitia」も、「よろこび」と訳すしか仕方がないと、私も納得する者だが、しかし、原語の「Gaudium」と「Lætitia」は、同じ「よろこび」でも、質の異なる「よろこび」なのである。

今回は、その表題の違いに光を当て、家庭についての文書の表題となった「Lætitia」

を切り口にして、教皇が、家庭・家族をどのように理解し、どのような心で家庭と向き合おうとしているか、明らかにしてみたいのである。

違いがあることを認識した邦訳の責任の一端を担う司教協議会の常任司教委員会は、その違いを伝えるために後者の表題を平仮名にした理由を、「あとがき」の中で次のように説明している。

「『よろこび』という仮名表記を採用することは、二〇一六年四月の常任司教委員会で申し合わされました。そこには、『福音の喜び（*Evangelii Gaudium*）』の〈gaudium〉と『愛のよろこび（*Amoris Lætitia*）』の〈Lætitia〉との、ニュアンスの違いを表現したいとの意図があります。（中略）**その違いを伝えるのは至難であることが理解されます。**（中略）**漢字を仮名に置き換えることで多少なりともニュアンスの違いを感じ取っていただこうと試みました。」**（邦訳316ページ参照）

実に、常任司教委員会は、「**gaudium**」と「Lætitia」の「違い」を「ニュアンスの違い」と理解し、「その違いを伝えるのは至難である」と判断して、「Lætitia」を平仮名の「よろこび」にした、と説明しているのである。しかし、漢字と平仮名に使い分けるだけでは、その違いは読者には伝わってこない。

司牧者としての司教団には、たとえニュアンスの違いであったとしても、どのような違いなのか、信徒たちに分かりやすく説明する責任があるように思えるのだが、いかがなものだろう。どのような違いなのか、具体的に説明してもらえれば、一般の信徒にとっては大いに助けになったと思うのだが、司教団は、「それは至難なこと」と早々と断を下し、その違いの理解を読者に委ねてしまったのである。

そもそも、「福音」に関しての文書の表題に「Gaudium」を、「家庭・家族」に関しての文書の表題に「Lætitia」を用いたのは、教皇自身である。その選択の背後には、「福音」について、また「家庭・家族」についての教皇なりの明確な理解が働いていたからに違いないのである。

これまで繰り返し指摘してきたように、フランシスコ教皇の文書は、歴代教皇たちの文書とは違って、伝統的な教義の上に立った堅苦しさもなく、難しい専門用語も使われていないので、分かりやすく、しかも、社会の現実の中で生きている人々に対する温かなまなざしに軸足を置いて語ろうとしているので、誰の心にも素直に響いていく。つまり、人々の心に届いていくよう工夫されているということである。したがって、その表題にも、それなりの教皇の思いが込められているに違いないのである。

したがって、「Gaudium」と「Lætitia」の違いを、「ニュアンスの違い」というレベルで片づけてしまっては、教皇に対して申し訳ないことになる。

そこで今回は、司教団が「ニュアンスの違い」と記した、「Gaudium」と「Lætitia」の違いを確かめ、表題を切り口にして、教皇が家庭をどのように理解し、家庭とどのように向き合おうとしているのか、明らかにしてみたいのである。

自己との闘いを通してもたらされる喜び：Gaudium

「Gaudium」も「Lætitia」もラテン語である。ラテン語は古代ローマ帝国で使われていた言語である。ローマ帝国が四世紀になって東西に分裂し、またその後のゲルマン民族の侵略などによって崩壊していった頃から、ラテン語を日常的に使う民族は歴史の表から消え、今日ではラテン語を日常の生活の中で使用する民族は皆無である。しかし、修道者、聖職者たち、教養人たちの間では受け継がれ、芸術や医学などの分野では「共通語」として使われてきており、カトリック教会の中では、今日まで公用語として用いられ、公文書や典礼式文は今もってすべてラテン語になっている。

私が五十数年前にローマで過ごした神学院では、教科書もラテン語、授業もラテン語で行われ、ラテン語をマスターしなければ、司祭の道に進むことはできなかった。しかし、第二バチカン公会議後は変わり、どの神学院でも一般の言語で授業が行われるようになっている。

それはともかく、五十数年前、授業の中で、「Gaudium」と「Lætitia」の違いの説明を受けた覚えがある。倫理・道徳に沿って人格を高めていくことについての霊性神学の授業の中でのことである。教授が、キケロ（前一〇六～前四三年）の文章を紹介しながら、「Gaudium」と「Lætitia」の違いについて説明してくれたのである。

キケロとは、ラテン語が日常的に使われていた古代ローマ帝国時代の人物である。したがって、ラテン語の「Gaudium」と「Lætitia」の違いについてのキケロの説明は、他の誰のものよりも参考になることは確かである。

神学生時代の古いノートの一ページに書き留められていたキケロの言葉は、出典は定かではないが日本語に訳すと、おおよそ次のようになる。

「『gaudium』は、善に与《あずか》ることによってもたらされる喜びであり、内面的なものである。これに対し、『lætitia』は、外面に現れる喜びである。『内面的な喜び（gaudium）』

を求めることは、人間にとって好ましいことだが、外に現れる『よろこび（**lætitia**）』は『抑制の効かない喜び』で、それを求めることは人間にとっては好ましいことではない。」

キケロは、「**gaudium**」を「内面的な喜び」として積極的に肯定し、「**lætitia**」のは「抑制の効かない喜び」として軽視しているのである。彼の考え方を理解するためには、彼がストア学派の流れをくむ哲学者であることを念頭に置く必要がある。

ストア学派とは、理性に従って生きることを何よりも尊び、人間としての高い目標を目指し、そのために即物的な楽しみや感情に流されたり引きずられたりすることがないよう禁欲を心がけ、克己《こっき》邁進《まいしん》して得られる幸福こそ、人間の真の幸福であり、真の喜びとする学派である。その喜びを「**gaudium**」という言葉で表現し、その喜びこそ人間に最もふさわしい喜びとして肯定していたのである。

この世の富や名誉などへの執着を断ち切って得られる喜びという点で、キリストが語る喜びも、「**gaudium**」なのである。キリストが山上から人々に教え諭す喜びは、明らかに欲望の抑制や闘いによってもたらされる喜びである。

「わたしのためにののしられ、迫害され、身に覚えのないことであらゆる悪口《あっこう》を浴びせられるとき、あなたがたは幸いである。**喜びなさい。大いに喜びなさい**。天には大き

な報いがある。」（マタイ5・11〜12）

キリストが、機会ある度ごとに、繰り返し、欲望やこの世のものに対する執着を断つようにと人々に教え諭すのも、この喜びのためである。

「あなたがたは地上に富を積んではならない。そこでは虫が食ったり、さび付いたりするし、また盗人《ぬすびと》が忍び込んで盗み出したりする。（中略）あなたの富のあるところに、あなたの心もある。」（マタイ6・19〜21）

「狭い門から入りなさい。滅びに通じる門は広く、（中略）命に通じる門は狭い。」（マタイ7・13参照）

「金持ちが天の国に入るのは難しい。……金持ちが神の国に入るよりも、らくだが針の穴を通る方がまだ易しい。」（マタイ19・23〜24）

神を見つめ、ひたすら神との関わりを目指して、この世の富や名誉などへの欲望との厳しい闘いを戦い抜いた者が味わう「喜び **gaudium**」こそ、人間にとっては究極の喜びということである。

教皇自身が、『福音の喜び』の序文で語る喜びも、まさに「Gaudium」である。それについて、教皇は、次のように語っている。

「福音の喜びは、イエスに出会う人々の心と生活全体を満たします。イエスの差し出す救いを受け入れるものは、罪と悲しみ、内面的なむなしさと孤独から解放されるのです。喜びは、つねにイエス・キリストとともに生み出され、新たにされます。」（序文Ⅰ、邦訳9ページ）

家族を支え、人の心を潤す喜び：「lætitia」

ところが、すでに指摘したように、教皇は、家庭・家族をテーマにした文書では、ストア学派の人々からは、否定的に評価されていた「lætitia」を選択しているのである。「lætitia」のもともとの意味は、互いに談笑したり、おいしいものを食したり、好意を抱く相手と交わったりすることによってもたらされる喜びである。それは、人の心を弾ませ、人に楽しさ、心地よさを与え、人の心を潤すものである。

ストア学派の人々がそれを否定的に捉えたのは、私たち人間が、ともするとその心地よさに引きずられたり、しがみついたりして、人間として目指して歩まなければならない道から外れて、本来の自分を失わせてしまう恐れがあるからである。

ところが、教皇は、「**lætitia**」を肯定的に捉えているのである。というのは、それが家庭・家族を支え、人の心を潤し、豊かにするものだからである。

実に、家族の「**よろこび・lætitia**」は、同じ屋根の下で同じ空間の中で、互いに見つめ合ったり、肌を触れ合わせたり、共に食卓を囲んだり、談笑したりすることによって生まれてくるものである。それなくしては、家族は空疎《くうそ》なものになり、その絆は希薄になり、共にいることの意味を失い、最後はバラバラになってしまう。

スキンシップは、親子の間でも夫婦の間でも、大いに奨励されるべきことなのである。家族の間では感情の抑制は好ましくない。逆である。その触れ合いがもたらす「**よろこび・lætitia**」が、家族を豊かにしていくからである。

実に、家族にとって日常的な触れ合いからもたらされる「**lætitia**」は、決して軽視すべきことではなく、家族を支える原動力になっているのである。家族・家庭の中の「**よろこび・lætitia**」は、現代社会にあっては貴重である。

というのは、現代社会は、人と人との触れ合いが浅くなり、人と触れ合う喜びを奪い、人を空虚な孤独の世界に追いやってしまう社会になってしまっているからである。

現代文明は、ものが豊かで、非常に便利で、刺激的で、快適な社会を造り上げてきたが、その一方で、人と人との触れ合いを、冷たいものにしてきてしまったことも、また事実である。

都会での人の出会いは、しばしば、無名のままで、潤いに乏しい。コンビニやスーパーでの客との出会いや、レストランや劇場に訪れる客、あるいは銀行の窓口での客との出会いなどを見ても分かるように、そこでどんなに心地よい、丁寧なもてなしを受けたとしても、しょせん、金銭のやりとりを土台にしたサービスによる心地よさにすぎない。その心地よさ・喜びには限界がある。

そのような都会の人と人とが深くつながらないままに生きている姿の極みは、ぎゅうぎゅう詰めの通勤電車の中や、都会のマンション生活に見ることができる。

ラッシュの中の通勤電車の中では、人はこれ以上近づくことができないほどに密着する。しかし、どんなに密着していても互いに目を合わせないし、言葉も交わさない。無論、自分の素性も明かすこともない。それぞれ、互いに関心を示さず、無言のまま、自らが目指す目的地に向かっていく。空間を共にしながら、しかし、そこには人との触れ合うことによる「**よろこび・lætitia**」は生まれてこない。

都会のマンション生活も同じである。隣人がどのような家族構成で、どこに勤めているのか、関心を寄せず、互いに余計な干渉をしないよう心がけ、隣人とは没交渉である。

現代人は皆、心をガードして、互いの歩みに無関心を装いながら生きている。その心の奥に孤独を託《かこ》ってしまっている。ぬくもりも潤いも失われていく現代世界。そんな中で孤独死が増えていくのも、無理はない。

そのような現代社会の中で生きる人の心を潤し、喜びの温かな火をともすのは、家族の間の交わりである。教皇が、家庭・家族の重要性を訴え、その中での触れ合いによる「**よろこび・laetitia**」の重要性を強調するのも、現代という巨大なシステムの中で生きざるを得ない人間を支え救うためなのである。

愛を、どう理解したらよいか？

あなたは愛を、どのように理解しているのか、と尋ねられたら……

『愛のよろこび』と題された使徒的勧告の本文には、表題にふさわしく、どの章にも「愛」という言葉がちりばめられ、頻繁に使われている。「愛」という言葉が、教皇のメッセージを理解していく上でのキーワードになっていることは、間違いはない。

しかし、「愛」の中身を正確に捉えることは、簡単なようで、それほど簡単なことではない。というのは、「愛」という言葉には、多様な「愛」の形が込められており、人によってその受け取り方も使い方もさまざまだからである。「愛」という言葉でそれぞれの人がイメージするものは、必ずしも同じではない。

私たちの日常を振り返ってみれば、その多様な使い方は、一目瞭然、誰の目にも明らかである。例えば、「愛」という言葉を、「あの人が好きになった」という意味で使う人もいれば、「あの人と一晩愛し合った」と男女の性的な交わりを伝えるために使う人もいる。あるいはまた、「あの人は仕事を愛している」とか「国を愛している」などという言い回し方からも明らかなように、自ら選んだ事柄に一途に身をささげた生きざまを伝える「愛」もある。さらにまた社会的に恵まれない人々に、損得を抜きにして献身的に奉仕する人々の生き方を表す「愛」もあれば、「神は、独り子をお与えになったほどに世を愛された」とヨハネによる福音書が記しているような「愛」もある。

教皇の『愛のよろこび』を丁寧に読んでいくと、教皇も「愛」という言葉を、必ずしも同じ意味で使っていないことが分かる。文脈によってその意味するところが違っている。

例えば、第一章の「みことばに照らして」の中で、教皇は、「**（家庭・家族の）真ん中には、二人の愛の歴史を生きてきた父親と母親である夫婦がいます**」（9項、邦訳16ページ参照）と述べているが、その「愛の歴史」という言葉で誰もが思い浮かべる「愛」は、二人の男女のそもそものなれ初めから、互いに惹《ひ》かれ、好きになって一緒に生活したいという願望に駆られて相手を求めていく「恋愛の愛」でもあれば、互いの身勝手さやわがままに耐え続けていかなければならない「耐える愛」、「尽くす愛」でもある。ところが、教皇は、同じ第一章の中で、「**三位一体の神は愛の交わりであり、家庭はその生きた似姿なのです**」（11項、邦訳18ページ）と語り、夫婦が目指すべき愛は神の愛にあやかっていくことにあると述べているのである。その前後の文章の流れから、その「愛」は、三位の神の間で交わされる「愛」であるから、好き、嫌いの「愛」と同じレベルではなく、また「耐える愛」「尽くす愛」でもあるはずがない。

さらにまた、「愛」の捉え方、使い方が、それぞれが属している文化圏によっても微妙な違いがあることにも、要注意である。欧米の人たちや中近東の人たちが「愛」という言葉でイメージしているものと、私たち日本人が「愛」という言葉を耳にしてイメージするものとは、必ずしも同じではない。

「愛」と訳された教皇文書のもともとの言葉は、ラテン語の「Amor」である。英語に訳されると「Love」になるが、日本語では「愛」になってしまう。しかし、欧米の人が「Amor」や「Love」という言葉で表現し伝えようとしているものと、日本の文化・伝統の中で生きてきた私たちが、「愛」という言葉を耳にしてイメージしてしまうものと、同じではない。

したがって、教皇の文書と向き合うとき、こうした点に留意しながら、丁寧に読み込んでいく必要がある。

今回、ここでは、私たち日本人が、「愛」をどのように受け取り、捉えてきたのかを確かめた上で、日本的な愛の理解に立つとき、教皇のメッセージは、どのような理解になるか、明らかにしてみたい。

「愛」とは、「心がいっぱいになって、動かされること」
漢字の成り立ちから……

日本の文化圏・東洋の文化圏で生きてきた私たち日本人が「愛」という言葉で、そもそも何をイメージしているのか、漢字の起源に遡《さかのぼ》って確認してみたい。

漢字は、周知のように、象形文字である。象形文字とは、もともとは、中国で、物事・事物の本質を、形で表現し、伝えようとして生み出されてきたものである。その成立の過程をたどっていくと、その形の中に古代の人々が捉え、そして伝えようとしていた物事の本質が、明らかになってくる。

象形文字としての「愛」という漢字の元々の形は「㤅」だったと言われており、「旡《き》＋心」だったという点に関しては、学者たちの間では、異論はない。

しかし、「旡」という漢字の元々の形の解釈になると、さまざまな解釈・説明がある。

「旡」は、「人が歩きながら後ろを振り返ろうとする姿を形にしたものだ」と説明する学者もいれば、「頭を巡らせて相手の心を読み取ろうとする姿だ」とか、「前に進もうとしながら、気になる何かに後ろ髪を引かれている姿を形にしたものだ」と説明する学者もいる。しかし、私にいちばんぴったりする解釈・説明は、「何かに満たされて後ろにのけぞっている姿を表しているものだ」という解釈である。

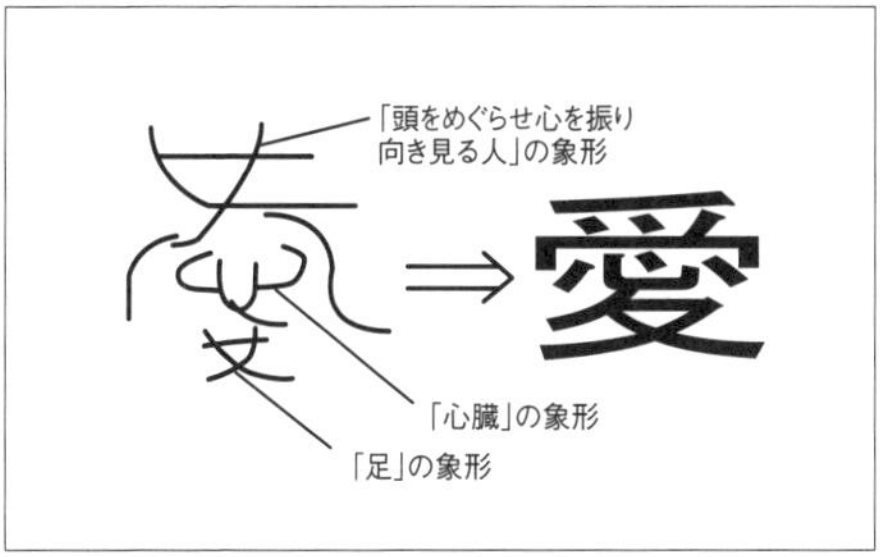

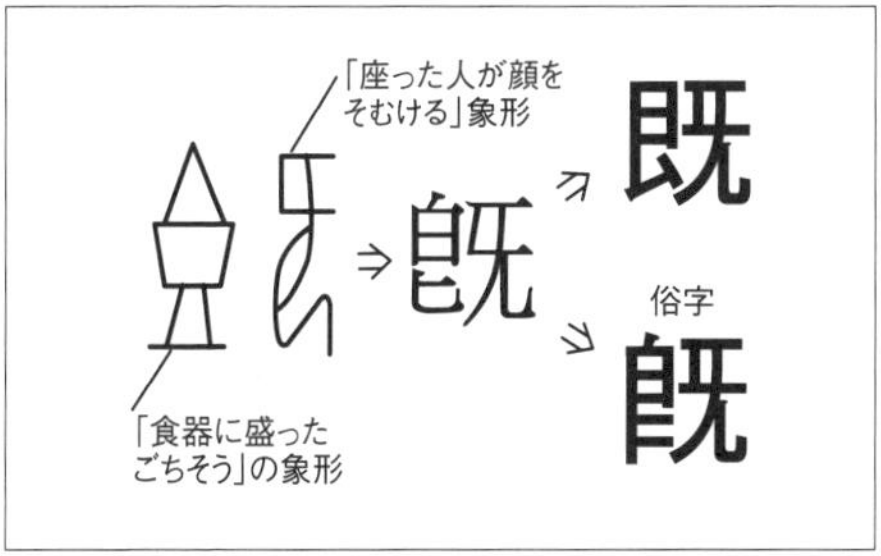

その根拠は、「旡」がつくりになっ

ている漢字を具体的に並べてみれば明らかになる。「既」「漑」「慨」など、「何によって満たされるか」の違いはあるとしても、いずれの漢字にも共通していることは、「いっぱいになる、満たされる」という点である。

例えば「既」。「既」の字の左側は、食べ物を盛った食器であり、それに「旡」が加わった「既」は、人が、食べ物を腹いっぱい食べて、のけぞっている姿を表した漢字ということになる。田に水を注いで、田の面を水でいっぱいにしていくときは「溉漑」の「漑」になり、憤りや怒りで心がいっぱいになるときは「憤慨」の「慨」になり、感動で胸がいっぱいになるときには、「感慨」の「慨」になる。

「旡」が、「何かによっていっぱいになったこと」を表す漢字だったとすれば、愛は、心がいっぱいになった人間の姿を形に表した漢字ということになる。それに、後代になって「夂《ち》」が加わって、「愛」の字になるのである。

「夊《すい》」は、足を引きずり、歩みも滞《とどこお》りがちになり、ゆっくりと歩いて進む形だという。この点では学者たちの間に異論はない。

「ゆっくり進む」とか「足を引きずる」とは、身体的には、疲れとか、足を怪我《けが》してしまったためとか、年老いたから、ということによるものだが、「愛」という漢字になると、「心がいっぱいになって、そちらの方が気になって、自由に気ままに動けなくなる」ということになる。

「心がいっぱいになって、他のことが自由気ままにできなくなる」が、具体的にどういうことなのか、心がいっぱいになって他のことが目に入らなくなってしまった人の姿を思い浮かべてみればよい。

例えば、店先のガラス棚に並べられているおいしそうなケーキや、ショーウインドーに飾られているきれいな衣服に目が奪われて、思わず財布のひもを開いてしまう人は、そのケーキあるいは衣服が心の中に入ってきて、それで心がいっぱいになり、それに動かされて、思わず買う気になってしまっているのである。

また自分の好きな趣味や仕事にのめり込んでしまう人も少なくないが、そんな人々の心の中は、仕事のことや趣味でいっぱいになって、他のことには目がいかなくなってしまっているのである。

また乗車してきたお年寄りを見て席を譲ってしまう人たちは、心の中にお年寄りの姿が深く入ってきて、それに揺さぶられ、見て見ぬ振りができなくなって、相手を助けようと、行動に表れるのである。

また、すてきな人に出会い、その人のことが気になって忘れられなくなり、生涯を共にしたいとまで思い込み、付き合いを求めていってしまうのも、その心の中に相手の姿が深く入り込み、それによって突き上げられてしまうからに他ならない。

また、母親が、命を与えたわが子が、たとえ、どんなにひどい非行を犯して、周りの人々から見放されても、わが子を見捨てず、最後まで関わろうとするのは、その心の奥深くにわが子の姿が入り込んでしまっているからである。

こうして見ていくと、実に、私たちの一生は、自分の心の中に一度取り込んで、受け入れたものによって日々動かされ、行動に駆り立てられていることが分かる。それが、「愛」なのである。そんな人間の姿を、古代中国の人々は、「愛」という象形文字にして表したということになる。

こうした観点から「愛」を捉えていくとき、教皇が家族の間にあってほしいと願う「愛」は、親、夫、妻、子どもたちが、それぞれ、一つの屋根のもとで生活する相手を、心の内にしっかりと受け入れ、相手への思いを深め合っていくということになる。相手への思いが深まれば深まるほど、絆は深まっていく。

また相手を自分の心の奥の奥にまで受け取って、自分の自我が消え、相手が自分の自我になってしまう人もいる。そうなると、その人の日々は、相手を喜ばせ、相手を幸せにすることに集中し、それが生きがいになっていく。夫婦が自分のことを忘れてまで相手のパートナーのために尽くしたりしていくのも、また親が、どんな苦労も厭《いと》わず子どものために尽くしたりしていくのも、それぞれの自我が消え、夫、妻、子どもの存在が、自分の自我にとって変わってしまっているからに他ならない。

家族の間の「愛」の深まりは、いかに自分への関心を抑え、相手への関心を育て深めていくかに関わっているということになる。

「奪う愛（エロス）」「与える愛（アガペー）」

漢字の成り立ちからの「愛」の理解は、「エロス」「アガペー」「フィリア」というギリシャの世界の「愛」の理解とは、明らかに違う。最後に、その違いに、ついて触れておきたい。特にここで取り上げたいのは「エロスの愛」と「アガペーの愛」である。

「エロス」の「愛」は、日本語では、官能的な欲望に結びつけられて理解されがちだが、本来は、そうではない。自分を幸せにしてくれるだろうと思うものに対する欲求である。その対象は、魅力あるもの、輝かしいもの、高貴なもの、崇高なものである。それを自分のものにしようと燃え上がるのである。「エロスの愛」に火がつくと、人はその対象に向かって全エネルギーを集中し、全身に活力がみなぎり、生きる充実感を味わうことになる。そして望んでいたものが獲得できたとき、充実感や幸福感に浸る。「エロスの愛」は、「奪う愛」とも定義づけられる。

こうした「エロスの愛」の観点からは、家族の間では、魅力ある相手ということになる。しかし、欠点だらけで未熟な人間が、いつまでも、魅力ある存在であり続けることは不可能である。若いときの魅力は、年を重ねるごとに消えていく。

したがって、家族の間の「愛」を「エロスの愛」に求めてしまえば、夫婦の絆は長くは続かない。夫婦の間に求められる「愛」は、「アガペーの愛」である。

「アガペーの愛」は、それとは逆に「与える愛」である。自分を必要としている相手に、損得を抜きにして手を差し伸べ、相手の幸せを願って働きかけていく「愛」である。

しかし、私たちが心の奥の深くにエゴイズムが潜んでいるから、私たちが「アガペーの愛」を生きることは、非常に難しい。自身の感情、欲求、感性、思いなどとの闘いが求められることになる。自己との闘いを怠れば、「アガペーの愛」は育たない。夫婦の絆を育てていくためには、いかに「アガペーの愛」を育てていくかが、鍵となる。「アガペーの愛」の源泉そしてモデルは、悪人にも善人にも雨を降らせ、太陽を昇らせる神になる。教皇の、夫婦の愛の究極が、神の愛にあやかっていくことにある、という言葉は、この観点からである。

しかし、漢字の「愛」という観点からの「愛」の源泉・モデルは、自ら命を与えた人間一人ひとりから目を離すことができず、人間の痛々しい姿を見て見ぬふりができず、いたたまれなくなって、私たちに手を差し伸べようとする神である。

教皇の、家族の中に愛の火をともすようにという呼びかけは、互いの幸せのために努めなさい、という「アガペーの愛」への呼びかけであると同時に、互いの存在に心を開き、しっかりと心の中に受け取っていくように、という呼びかけとして捉えることもできるのである。

教義に軸足をおいた司牧の限界

教皇の確固とした信念

家庭についての使徒的勧告『*Amoris Lætitia*（愛のよろこび）』は、すでに指摘したように、二〇一四、二〇一五年と、家庭をテーマにして二回にわたって開催されたシノドスを基にまとめられたものである。

この文書の全体は、教会の使命は人間一人ひとりに神の優しさ、温かさを伝え、一人ひとりを温かさで包みこんでいくことにある、という教皇フランシスコの信念に貫かれている。特にそれは、結婚に失敗しながらも生きていかなければならない人々に対する教会の姿勢について語る時に、よりはっきりと現れる。この文書は、離婚した者に対するこれまでの厳しい姿勢を改め、彼らの苦しみや悲しみについての理解を深めていくように、という教会全体への教皇の呼びかけとも言えるのである。

それは、当事者たちはもとより、司牧の現場に立って日々苦しむ人々と直接顔を合わせていなければならない多くの司祭たちにとっては、何よりの福音となるものだが、その一方で、教義を重んじる人々の反発を買い、批判の声も引き出してしまったのである。

過去の歴史を振り返れば明らかなように、一つひとつの教義には歴史があり、教義によっては、その受け止め方もさまざまで、たとえ教皇の発言であっても、そのまま素直に従うことができないようなケースは、しばしばあった。歴史を振り返れば、良心的に納得できず、カトリック教会と袂《たもと》を分かち、離れていった信者も少なくない。プロテスタント教会との分裂も、その一つの例である。

しかし、近代になってからは教皇に対する批判の声が表に出ることはめったになかった。が、今回は、珍しくはっきりと表に吹き出してきたのである。

実に、シノドスの場では、結婚・離婚についての教義に関して真剣な議論が交わされ、教会は高い理想を掲げていくべきである、と主張する司教たちも少なくなく、そうした司教たちの数人が、使徒的勧告の発表された後すぐに声を上げたのである。

教皇が、根強い反対意見があることを承知だったことは確かである。というのは、司教たちが厳しい議論を交わす場に教皇自身が臨席していたからである。しかし、そうした反対意見があることを承知の上で教皇は、使徒的勧告をまとめ、発表したのである。そこに、私たちは、教皇フランシスコの、神は憐れみそのものであるという確固とした信仰と、教会は神の心を証ししなければならないという揺るぎない信念を見ることができるのである。

使徒的勧告『愛のよろこび』に批判的な声

教皇への批判は、特に、離婚し再婚した者に聖体拝領を許すかどうかは、司牧の現場に立つ司祭たちに委ねるべきである、という教皇の姿勢に対するものである。

周知のように、カトリック教会は、夫婦は神によって結ばれたものであり、その絆は不解消であり、離婚は神の掟に背《そむ》く大罪である、離婚して再婚した者には聖体拝領は許されないと教え、指導してきたのである。

そうした教会の姿勢は、時代が変わっても揺るがず、最も新しい『カトリック教会のカテキズム』の中にも、明記されているのである。

「離婚は、秘跡による結婚が表す救いの契約を侮辱《ぶじょく》するものです。たとえ、民法上認められたものであっても、再婚すれば、罪は一層重くなります。再婚した人は、公然の恒常的な姦通の状態にあります。」（２３８４項、邦訳691ページ、傍線筆者）

「離婚した後に民法上の再婚をした者は、客観的には神法に背く状態にあります。したがって、この状態が続く限り、聖体を拝領することができません。同じ理由から、教会のある種の任務を行うこともできません。ゆるしの秘跡によってゆるしが与えられるのはただ、キリストとの契約と忠実さのしるしである結婚を破ったことを痛悔し、まったくの禁欲生活を送る人々に対してのみです。」（１６５０項、邦訳498ページ、傍線筆者）

この『カトリック教会のカテキズム』は、後に教皇ベネディクト十六世となるヨゼフ・ラッツィンガーが、まだ教理省長官だった頃の一九九三年に、彼を委員長として設置された委員会によって検討され、まとめられ、一九九七年にヨハネ・パウロ二世によって、カトリック教会の正式の教えとして認証されたものである。

しかし、そこに記された文言「まったくの禁欲生活を送る」は、離婚し、再婚した人々には厳しいものである。そのとおり生きることは、現実には不可能に近い。また「再婚した人は、公然の恒常的な姦通の状態にあります」という文言も、新しい人と出会い、今度こそ新たな歩みを始めようとする人には、残酷すぎる文言である。

こうした教えの厳しさは、一般の人々に「カトリック教会は近づきがたい存在である」という印象を与えかねない。しかし、人々がどのように受け止めようとも、指導者たちの多くは、結婚・離婚に対する教会の教義は神聖な教義であり、その教義を教え守るように信者たちを指導していくことにこそ、カトリック教会の使命があるという信念の上に立っていて、揺るがないのである。

そうした指導者たちの何人かが、教皇に批判の声を上げたのである。彼らなりの使命感からである。

まず、公に批判の声を上げたのは、ヨアヒム・マイスナー枢機卿、ヴァルター・ブランドミュラー枢機卿、レイモンド・レオ・バーク枢機卿、カルロ・カファァラ枢機卿の四人の枢機卿たちである。教会は神の意志に忠実でなければならないという信念に燃える彼らは、恐らく教皇のメッセージに黙っていられなくなって、教皇に批判的な手紙を送り、それを公表したに違いないのである。

四人のうちの一人、レイモンド・バーク枢機卿は、教会法学者でバチカンの最高裁判所の元長官である。彼は、アメリカのカトリック紙の記者のインタビューで、「離婚して再婚した信者の聖体拝領が可能である」と示唆《しさ》することによって「教皇は誤りを教えている」と述べ、カトリック信者の間に「重大な戸惑いと大きな混乱」を引き起こしていると指摘し、「正式に訂正すべきである」とまで発言しているのである。

枢機卿たちだけではない。枢機卿たちの発言に勢いづいて、二十三名の神学者たちが、この四人の枢機卿たちを支持するよう各地の司教たちに呼びかける、という行動に出たのである。その二十三名の中には、教皇のお膝元のバチカンの諸委員会で働く数名の司祭たちも加わっている。呼びかけを受けた司教たちが、どのように反応したか、残念ながら私は知らない。

さらにまた前教皇ベネディクト十六世によって教理省長官に任命されていたゲルハルト・ミュラー枢機卿も、「再婚者に聖体拝領を認めることは神法に反する」と発言し、教皇の姿勢とは距離を置いた発言をしている。この七月、その職を退任している。

「ピオ十世の会」からの批判は、さらに徹底している。この会は、一九七〇年、フランスのマルセル・ルフェーブル大司教によって創立され、この世界の営みを世俗主義と断定し、その価値観に流されず、何よりも神の掟に忠誠を尽くすことを旨とした会である。

しかし、バチカンはその創立当初から同会を、カトリック教会の共同体の一員として承認してこなかった。というのは、第二バチカン公会議の精神を認めず、それぞれの現地の人々の言語によるミサ典礼を認めなかったり、トリエント公会議で定められたミサとラテン語の使用に固執したりしているからである。

そんな「ピオ十世の会」が、使徒的勧告『愛のよろこび』に対する批判を、公にしたのである。次のように述べている。

「憐れみに基礎を置く司牧的実践を探し求めるが故に、この文書は主観主義と道徳相対主義によって、ある部分では、台無しにされている。客観的ルールは、プロテスタント的やり方で、個人の良心によって置き換えられている。（中略）あらゆる点において天主の掟を遵守《じゅんしゅ》するという義務、特に婚姻の忠実の掟の遵守の義務に疑問を投げかけるということは、現代の風潮と時代の精神の命令に屈することである。」（二〇一六年五月六日「ピオ十世の会」の宣言文より）

神理解の違い

「ピオ十世の会」からの批判はともかくとして、教皇は、教義に固執する人々から批判の声が上がることは覚悟の上で、使徒的勧告をまとめ、自らの姿勢をはっきりと打ち出したのである。それは、教皇なりの信念があってのことであるからに違いないのである。

教皇と教皇を批判する人たちとの意見の違いは、その根底にある神理解の違いによるものである。

批判の声を上げる指導者たちがよって立つ神理解は、神は、万物の主宰者であり、聖なる方であり、倫理・道徳の最高の基準である、というものである。人間は、神の権威を尊び、敬い、その掟に沿って聖なる生活を目指さなければならない。神の掟に背くことは、神の権威を無視し、逆らうことにつながる。教会の使命は、何よりも神の意志、権威を尊重し、神のみ旨に沿って生きていくよう、人々を指導することにある、という信念である。

こうした神理解に立つ指導者たちにとっては、当然、離婚は絶対に容認できない大罪であり、離婚し、再婚した信者たちに聖体拝領への道を示していくことは、神の掟を曖昧《あいまい》にしていくことにつながってしまう誤った指導以外の何ものでもないのである。

教皇の神理解は、憐れみに軸足を置いたものである。教皇が、どんなに神の憐れみを強調しているかは、憐れみの特別聖年を設定し、神の憐れみへの理解を深めるよう、全教会に呼びかけたことからも明らかである。

「**教会の生命を支える柱は、憐れみです。教会の司牧行為はすべて優しさに包まれていなければなりません。**」（憐れみの特別聖年の勅書、邦訳18ページ）

「**憐れみは、福音の脈打つ心臓であって、教会のすべての人の心と知性に届けなければならないものです。**」（同20ページ）

しかし、憐れみを強調するからと言って、教皇に教義を否定する意図はないことは、見落としてはならない点である。それは、『愛のよろこび』の前文で、「教義と実践の一致が必要です」と記していることからも明らかである。教皇は、結婚に失敗した人々への理解を示し、彼らに慰めと希望の光を与える道を開こうとしただけのことなのである。それは、罪人を含めたどんな人間にも幸せになってほしいと神が願っているという神理解からである。

教皇はアルゼンチン時代、スラム街に生きる人々と肌を接するような司牧をしてきて、貧しさの極みの中で生活しなければならない人々にとって、教えに沿って清く正しく生きていくことが、実際どんなに難しいことであるかを身をもって知り、教会は人生に挫折し傷ついた人々の慰めの場にならなければならないという確信を育んできていたに違いないのである。教皇にとっては、教会は「関所ではなく、生活の労苦を背負うすべての人々が安らぐ父の家」、まさに、「放蕩息子が戻ることができる憐れみ深い父の家」でなければならないのである。

離婚したからといって、一方的に罪を犯したとは断罪できないさまざまな現実を、教会は理解すべきであるとも、教皇は語るのである。

「客観的に見て罪の状態と思われる状態にいる人は、さまざまな制約や情状をくめば、主観的に罪科が無いことがありうる。（中略）教会の助けを得て恩恵と愛徳のうちに成長しつづけることがありうる。（中略）どんな問題でも、白か黒かというアプローチしかできないと、恵みと成長への道が閉じられてしまい、神に栄光を帰する聖性への道を諦めることになるでしょう。」（『愛のよろこび』305項、邦訳263ページ参照）

「多くの人が、結婚と家庭についての教会のメッセージが、イエスの説教や姿勢の明確な映しであったとは思っていません。イエスは高い理想を掲げつつも、サマリアの女や姦通の女のような弱い人に対しては、あわれみ深い思いやりをもって寄り添うことを決してやめなかったのです。」（同38項、邦訳38ページ）

教皇がカトリック教会に願い求めているものは、教義を否定することではなく、教義が憐れみの愛に息吹かれていくことである。人生に挫折した人々に対して、やみくもに教義の旗を振りかざすことではなく、憐れみの光の中で人々と向き合うことなのである。

家庭・家族をむしばむ現代社会の営み

――教皇の揺るぎない信念――

現代の家庭・家族が、一昔前の時代と比べれば、はるかに魅力を失い、不安定なものになってしまっていることは、私たちの周囲を見渡すだけでも、明らかである。今や結婚しない男女の姿も珍しくなくなったし、離婚も珍しいことではなくなってしまった。それを、教皇は『愛のよろこび』の前文で、「結婚が危機的状況にあるという多くの兆候がある」（一項、邦訳9ページ）と表現している。

教皇は、未婚のまま生涯を送る人々の増加と、離婚の増加に光を当てながら、そのような現象をもたらしてしまっている現代社会の価値観の問題点を浮かび上がらせていく。

生涯未婚のままの人たちの増加をもたらす社会の価値観

未婚の男女の増加。それは、特に先進国において顕著である。

ちなみに、日本では、二〇一五年の国政調査によると、五十歳になるまで一度も結婚していない人の割合は、男性で二三・三七%、女性で一四・一六%。一九八〇年代までの生涯未婚率が五%以下だったことと比べてみると、確実に結婚離れが進んでいることが分かる。今や、男性のおよそ四人に一人、女性の七人に一人が、未婚のままということである。

なぜ、結婚しないまま生きる男女が増えているのか、それにはさまざまな理由をあげることができるが、教皇は、それを「現代の文化」と表現し、次のように述べている。

「陳腐《ちんぷ》な物言いになるかもしれませんが、わたしたちが暮らしているのは、将来の可能性を失うことになるから家庭を持つのはやめなさいなどと、若者をけしかけている文化なのかもしれません。さらにこの文化は、家庭を築くことを思いとどまらせることまでをも含んだ、数多くの選択肢を提示しているのです。」（40項、邦訳40ページ、傍線筆者）

教皇が指摘する「文化（culture）」が、具体的に何を指しているのか、正確に理解することは難しい。というのは、「文化」という言葉には、多様な受け取り方があるからである。

「文化の日」、「文化功労者」「文化国家」「文化遺産」などの言葉からも分かるように、私たちが「文化」という言葉で頭の中に思い浮かべてしまうものは、学問や芸術の分野などの人間の高尚な精神的な営みである。ところが、教皇が使う「文化」にはそのような高尚な意味はない。というのは、離婚の増加や未婚のまま生きる男女の増加をもたらしてしまうことと関連づけられているからである。

ちなみに、『広辞林』などの辞典で「文化」の意味を確認してみると、もともとの意味は、「人々が、日々の営みの中で生みだし、知らず知らずのうちに人々の心に浸透し、人々の間で共有されて、人々の言動に影響を及ぼしてしまうものの見方、考え方、生き方などの総体」ということのようである。教皇は、この意味で使っているようである。

人々の生き方や考え方などに、大きな影響力を及ぼしてしまうものとして教皇が指摘しようとしているものは、まずは「お金万能の価値観」である。教皇は、「多くの若者が経済的な理由や、仕事や勉学の事情で、しばしば結婚を先延ばしするように仕向けられています」と指摘して、現代社会の隅々にまで浸透し、人々の心を支配してしまっている「お金万能の価値観」の問題点に警鐘を鳴らすのである。

まだまだ農業が人々の生活の中心だった一昔前の時代では、人はお金がなくても生きていけたし、家庭も持つことができた。しかし、貨幣経済が浸透してしまった社会では、金がなければ家族に対する責任も果たせない。またその親たちも、自分たちを支えるのに精いっぱいで、若い子ども夫婦を支え、助ける余裕はない。

日本社会にあって、結婚を決断できない男女が目立つようになったのは、バブル経済崩壊の後、政府が企業を守るために、いつでも従業員を解雇できるような柔軟型雇用制度を導入したころからである。会社や企業が必要な時に必要な期間だけ雇用することができるという制度は、雇用主にとってはプラスだろうが、雇われる側にとっては不利である。仕事が保証されていなければ、生活の見通しも立たなくなる。また賞与も社会保障も支給されない派遣社員の身分では、生活設計も描けない。若い男女が結婚することをためらってしまうのは、当然である。

日本だけではない。失業率の高い国々で、結婚に踏み切れない若者たちが増えているのは、そのためである。

家庭は、一人ひとりにとって心が安らぐ憩いの場であると同時に、一人ひとりに生きる意味を与える場でもある。家庭を持てないということは、心の底に深い不安と孤独感を抱えたまま生きることにつながってしまう。さらにまた未婚の男女の増加は、国の少子化につながり、社会の弱体化にもつながっていく。

この点で国の役割も大である。ますます増えていく高齢者に対する政策も必要だが、若い男女一人ひとりの人生に希望を与えていくための政策も必要である。そのために、派遣社員などの生活を安定させ、将来に向けた明るい生活設計を立てることができるような雇用制度・給与制度の充実が求められる。また子どもたちの教育費の負担を少しでも軽減するような政策も必要である。それは、人間を救うためであると同時に、社会を活性化していくためでもある。

もう一つ、結婚をためらわせてしまう「社会の文化」として教皇が指摘するものは、「個人が自由に、誰にも束縛されずに生きることを最優先にする」現代社会の価値観である。教皇は、「将来の可能性を失うことになるから家庭を持つのをやめなさいなどと、若者をけしかけている文化」と語って、警鐘を鳴らすのである。

私たち人間には、さまざまな願望がある。その中でも最も強い願望は、自分らしく生きて見たいという願望と、誰にも気兼ねすることなく、また誰からも束縛されることなく、自分の人生を楽しみたいという願望である。

その願望の根底にあるものは、自分の生きている周りは、自分に幸せを提供し、満足を満たしてくれるべき世界であり、「世界は自分のためである」という思い込みである。しかし、それは錯覚である。それでは真の心の喜びは得られない。また人間としての成長もおぼつかない。

結婚は、本質的にはパートナーとなる相手のために自らの自由を放棄することにある。相手を喜ばせ、幸せにしていくために自らの自由を縛ることにある。

それは、必ずしも日々の喜び、楽しみをもたらしてくれるとは限らない。相手との違い、相手の未熟さ、相手の身勝手さが、目につく日々の連続になるかもしれない。実に結婚生活は、我慢し、堪えなければならないことが多い日々となる。しかし、それが、結婚の世界なのである。

それは、自らの願望の死を意味する。しかし、キリストが、「一粒の麦は、地に落ちて死ななければ、一粒のままである。だが、死ねば、多くの実を結ぶ」（ヨハネ12・24）と諭しているように、愛の実を生み出していく歩みなのである。

現代世界は、華やかで刺激に満ちた社会を造り上げてきた。結婚していなければ、自由に、気ままに、その恩恵にあずかることができる。自分の満足を求めた自己中心の人生を歩むか、自らの自由を放棄し、愛の道に踏み切るか。今や、結婚は、一人ひとりの価値観、人生観を問う試金石にもなってしまっているのである。

国家・民族という共同体と家庭・家族という共同体の違いは？

すでに指摘したように、教皇は、「家庭」をテーマにしたシノドスを二回も立て続けに召集し、その後すぐに、シノドスでの議論をまとめ、それを使徒的勧告『愛のよろこび』として発表した。それは、教皇が、アルゼンチン時代の司牧の経験から、家庭が揺らいだり崩れたりしたために人生が揺らぎ、惨めな人生を余儀なくされてしまった多くの人々に接し、深く心を痛めてきていたからに違いないのである。

そこから私たちに伝わってくるものは、家庭を支えて、かけがえのない一人ひとりの尊い人生を、なんとしてでも守りたいという教皇の人々に対する真摯《しんし》な姿勢である。

家庭も人の集まりであるには違いないが、家庭という共同体は、他の共同体とはまったく異なる論理で成り立っている。それぞれ互いにとって「かけがえのないこの人」として向き合っているのである。夫にとっても妻にとっても、それぞれは互いに「かけがえのないこの人」であり、親にとっては、子どもは「かけがえのないこの子」であり、子どもにとって、親は「かけがえのないこの人」なのである。つまり、それぞれ、この地球の上には、他に代わりになる者はいない、たった一人のオンリーワンとして、向き合っているということである。

しかも、家族は「かけがえのないこの人」に、誕生から死を迎える時まで、病気の時も健康の時も、順境の時も逆境の時も、打算と損得を超えて、互いに寄り添いながら、日々を歩んでいるのである。そのような共同体は、他にはない。

社会には、数多くの共同体が存在し、それぞれ貴重な役割を果たしているが、しかし、一人ひとりを「かけがえのないこの人」として受け止めていくという点では、どの共同体も、家族の間の関わりには及ばない。家族以外の共同体は、どんなに細やかな心遣いで人を受け止めようとしても、限界がある。

限界があるというのは、家族以外の共同体は、家族のように一人ひとりに徹底的に寄り添い続けることができないからである。

それだけではない。一人ひとりを、かけがえのないこの人としてよりも、その他大勢の一人として受け止め、役に立つ、立たないという基準で受け止め、安易に無視したり切り捨ててしまう共同体も少なくないからである。その代表的な共同体が、国や市区町村や企業である。

教皇は、司牧の現場で、家族が国や企業という巨大な共同体によって翻弄《ほんろう》されて、惨めな人生を余儀なくされた多くの人々に触れてきて、人間を守り支えるため、家族や家庭の重要性を訴えようとしたのだと言える。

教皇の呼びかけに応えていくためには、改めて、家庭・家族という共同体が、私たち人間にとって、どんなに貴重な共同体であるか、確認してみることである。今回は、私たちに身近な共同体と比べながら、家庭の重要性を改めて明らかにしてみたい。

国や市町村という共同体と家庭・家族という共同体

現代社会にあって、私たちの人生のよりどころとなり、支えになってくれる共同体は、多種多様である。成長過程にある子どもたちにとっては、保育園、幼稚園、小・中・高、大学なども、貴重な共同体である。職場は、生活の糧を得るため、そしてまた会社が目指す成果を皆で協力して造りだして、社会に貢献していく共同体と言うことができる。またそれぞれが趣味や生きがいを求めて入会していくサークルや学びの場も、共同体と言うことができる。

私たちは、それぞれ自分にふさわしい共同体に加わり、その中で自分の居場所を見いだし、そこで心の通う仲間を見いだしたり、学んだり楽しんだり生きがいを見いだしたりしているのである。ふさわしい共同体との出会いは、私たちに家族の中では得ることも体験することもできない刺激を与えたり、慰めを与えたり、潤いを与えたり、人生を豊かにしてくれる。人を支え豊かにしてくれる共同体との出会いは、誰にとっても恵みと言える。

しかし、私たちが、自由に気ままに選択できない共同体がある。国や市区町村という共同体である。それは、他の共同体とは違って、誕生と同時に、否応《いやおう》なく一人ひとりをその中に取り込み、生涯にわたって一人ひとりの人生に決定的な影響を及ぼしてしまう共同体である。

国や市区町村との関わりは、誕生の瞬間から始まる。親たちがその誕生を役所に届けたその時から、一人ひとりに国籍が与えられ、国民の一人として保護され、さまざまな恩恵・サービスを受けることになる。その支え、保護がなければ、幸せさえおぼつかないと言っても言い過ぎではないほど、現代の私たちは、国や市区町村に深く結ばれて、依存するようになってしまっているのである。

私たち人間が、どれほど、国や市町村という共同体に依存するようになってしまっているか、そして私たちの人生が国のありようによってどのように左右されてしまっているかは、政情が不安定であったり財政的に逼迫《ひっぱく》したりしている国々の人々の生活を見れば、明らかである。そうした国々では、デモや暴動などが頻繁に起こり、人々は心の底から安らぐことができずにいる。また長く住み慣れた故郷を離れて難民となり、惨めな生活を余儀なくされてしまうのも、国そのものが混乱し、人々を支える力を失ってしまっているからである。

実に国が不安定であれば、家庭も家族も揺らぐことになる。また、人の一生もしばしば狂わされていく。政情が安定し、財政的にも逼迫していない国という共同体の中で生まれ、生活できる者は、確かに幸いと言える。

「一人ひとりの人間はかけがえないオンリーワンであるという視点」の欠如

誕生と同時にその中に組み込まれ、また国が揺らげば、家庭・家族もその影響を受けてしまうという意味で、国や市区町村は、私たちにとって運命共同体のような存在であると言っても過言ではない。

しかし、国や市区町村という共同体が、全面的に、手放しで、信頼して頼れる共同体ではないことも、また事実である。というのは、家族には、あくまでも人間一人ひとりを互いにかけがえのない存在として無条件に受け止めて、寄り添い関わっていこうとする心があるが、国や市区町村という共同体には、それが欠けているからである。

民主的な社会にあっては、国や市区町村も、人間一人ひとりはかけがえのない尊い存在であるという共通理解の上に立っている。人は皆、平等で、誰も、生まれ・家柄、身分、地位、能力の有無によって差別されてはならない、という大原則の上に立って、互いに支え合い、それぞれが幸せになれるように、国家という共同体を育ててきているのである。

したがって、国や市区町村の本質的な役割は、国民一人ひとりの幸せの成就に奉仕することにあると言っても間違いではない。人々が選挙で代表者を選び、彼らに権力を委ねるのも、皆が幸せになるような施策を討議し、国全体を動かしていくことを願い求めてのことである。

ところが、一人ひとりの幸せに奉仕することを建て前としながらも、国や市区町村という共同体は、必ずしも、一人ひとりの要望、願いに細やかに配慮し、丁寧に応じるとは限らない。というのは、民主的な社会の村や町、市や国家を動かしている論理は、多数者の賛同で物事を決め進めていく論理だからである。そこで決定される多くの事柄は、多数者が望む事柄であり、少数者の願いや要求は、多くの場合、無視されたり否定されたり、求めても拒まれたりしてしまうのである。

一昔前の時代に比べれば、社会全体に互いに助け合わなければならないという共通理解が浸透したおかげで、福祉行政ははるかに進歩し、どこの市区町村にも困った時の相談窓口などが設けられ、役所などの係の対応もソフトになり、地域全体に細やかなセーフティネットが張り巡らされるようになったことも、事実である。しかし、それでも少数者や弱者の願いや要求は、条例や決まりなどを盾にして、しばしば冷たくあしらわれたり拒まれたりしてしまうケースは少なくないのである。

その根本的な理由は、繰り返すようで恐縮だが、国や市区町村が、多数決で物事を極め、決められた条例、ルールにしたがって社会を動かしていかなければならないという論理に支配され、一人ひとりを、「かけがえのないオンリーワン」として向き合う論理が、基本的に欠けているからである。

国や市区町村という共同体は、キリストのたとえ話の中の、九十九匹を野原に残して迷った一匹の羊を探しにいくような羊飼いにはなれないのである。

さらにまた、国や市区町村が、かけがえのない存在として一人ひとりに向き合おうとする姿勢をますます弱めてしまっていることは、国民の一人ひとりに番号をつけ、番号で人を整理し、一人ひとりの情報を把握しようとしていることからも、明らかである。

実に、マイナンバー制度に見られるように、今や国や市区町村という共同体は、私たち一人ひとりと向き合うために、個性のない番号で向き合おうとする道を歩み始めているのである。

統治の観点からは、国民や市民一人ひとりに番号をつけてしまうことは、効率的で便利である。しかし、番号からは、それぞれの人間の個性、思い、心情は、消えてしまう。番号をつけられた個人は、国や市区町村という共同体の前では、「この私」という存在の重さは消え、命が感じられない無機質な、その他大勢の一人になってしまい、一人ひとりの事情は、完全に斟酌《しんしゃく》されなくなってしまう。

家族を番号で整理し、番号で向き合うということは、家族共同体の中では、決してあり得ないことである。人間を無機質に扱っていこうとする流れが強まっていけばいくほど、逆に一人ひとりに、かけがえのないこの人として向き合おうとする家庭・家族という共同体の重要性が、さらにはっきりと浮かび上がってくる。今や、「かけがえのないこの人」として一人ひとりと向き合おうとする共同体は、家族・家庭以外にはないと言っても大げさではない。

教皇が、家庭・家族を大事にしていくことを呼びかけているのも、家族に人間の尊厳を守る最後の砦《とりで》になってもらいたいからに他ならない。

家庭・家族の加害者になってしまう国という共同体

さらにまた、国という共同体が、しばしば家庭・家族という共同体のありようを振り回し、家庭・家族を苦しめる加害者になってしまう側面があることも、見落としてはならない点である。国家という共同体の内には、非常に冷酷で破壊的な一面が潜んでいるのである。それが表に具体的な形になって現れてくる時、それが他国への侵略であったり、他国との戦争であったりするのである。

戦争の主体は、あくまでも国家、国という共同体である。国家がどんなに暴力的な残酷な側面を持っているかは、第一次、第二次世界大戦で、国家の名で、どれほど多くの人たちが戦場に送り出され、そこで命を落としたか、そしてまた、その侵略・攻撃で、多くの家屋が破壊され、田畑が踏みつぶされ、どれほど多くの人々の人生が狂わされてしまったかを見れば、明らかである。

多くの場合、国家が暴力や戦争に走り始める時は、国家の威信や利益を最優先した指導者たちが、国の繁栄・発展・利益を国民に訴え、国民の多くがそれに賛同し、なびいてしまう時である。

ひとたび戦争が始まれば、国民は、否応なく徴兵され、一兵士として軍隊に組み込まれ、上官の命令に従って敵と向き合い、命を敵の砲弾の前にさらすと同時に、敵国の兵士たちの命を奪う人間にされてしまうのである。

戦場では、一人ひとりは、「お国のため、家族を守るため」という美しい旗印のもとに、自らの命をさらけ出し、敵国の兵士たちに武器を向け、互いに殺し合うことになる。そしてそこで、息子、夫、父親を奪われたそれぞれの家族に深い悲しみをもたらすことになる。

国家の発展・繁栄のためという理由で、人を戦場に送り出し、命の危険にさらす権利は、国家にはないはずである。敵国が侵略してくる時は、自衛という視点から、武器を取り、闘うことは正当防衛という観点から倫理的に許されることかもしれないが、しかし、国が、国家の繁栄・発展のために国民を動かし、戦場に送り出すことは、決して許されるべきことではない。それは、私には、国家権力の乱用のように思えるのである。

家族を守るため、そして一人ひとりのかけがえのない人間の一生を守るためには、私たちは国家権力の乱用に、常に目を光らせているべきである。

あくまでも国は、国民一人ひとりのためであり、その逆ではないからである。言葉を換えて言えば、「はじめに国ありき」ではなく、「はじめに人ありき」だからである。

家庭・家族に創世記の光を当ててみると……

教皇は、使徒的勧告『愛のよろこび』で離婚の問題を取り上げてしまったために、少なからぬ聖職者たちから批判を浴びることになってしまったが、その真意を理解するためには、教皇がこの使徒的勧告を、人間の創造について語る創世記の一章、二章から始めていることに留意する必要がある。

教皇が、家庭・家族について語るにあたって、創世記の一章、二章から始めたことは、私には実に賢明なことのように思えるのである。というのは、聖書は教えの源泉だからである。源泉からは、神がどんなに人間を愛し、心の底から人間の幸せを願っていることかをはっきりと裏付けることができるからである。またそこから人間に対する神の心が、離婚し、再婚した人々に厳格に向き合わなければならないとする教義をはるかに超えた真実で、温かなものであることが明らかになるからである。

周知のように、創世記の物語は古く、紀元前十一世紀、十世紀に遡《さかのぼ》ると言われている。

ほとんどの人が文字を読めない時代に、イスラエルの人々によって語り伝えられていたものである。それが書物としてまとめられたのは、紀元前七世紀から六世紀ごろと言われている。

しかし、書物と言っても巻物の時代である。それは高価で、一般の人には手が届かない。それを手にすることができた者は、祭司など、実に、限られた人々である。一般の人々が聖書の世界に触れることができたのは、主に祭司や長老などの語《かた》り部《べ》たちのおかげである。

祭司や長老や語り部たちが、祭りの日や安息日と定められていた特別な日や一日の仕事を終えた夕暮れ時に、三々五々広場や会堂に集まってきた人々に向かって、聖書の物語を語ったに違いなく、また人々も、テレビや映画など娯楽のない時代だったから、喜んでその語りに耳を傾け、そこから心の癒やしや慰めや生きるための光をくみ取ったり、神への信頼を育《はぐく》んだりしていたに違いないのである。

中でも、創世記の一章、二章の物語は、人々が特に好んだ物語であったかと思われる。というのは、そこで神がどのような心で天と地を、そして人間を男と女として創造し、彼らにどのような役割を与え、彼らに何を期待したのか、最も基本的なことを語っているからである。

教皇が、家庭・家族についての使徒的勧告をまとめるにあたって、創世記一章、二章から始めようとしたのも、そこに人々の厳しい人生を照らし支える豊かで温かな光が込められているという確信があったからに違いないのである。

教皇の心は、教会全体が、改めて創世記の物語と真摯に向き合い、そこから豊かな光をくみ取り、家庭・家族に対するこれまでの硬直した司牧姿勢を見直し、聖職者たちには、特に苦しみもがく家庭・家族の温かな理解者、そして良き支え手になってほしいという切なる願いに促されていたのではないかと、私には思われるのである。

神は、人間が幸せになることを心から望んだ……

創世記一章から

①無秩序で廃虚のような状態からの創造

そこで、今回は創世記の一章を取り上げ、神がどのような思いで人間を創造したか、明らかにしてみたい。

この物語は、ヨーロッパの教会の長い伝統の中では、神による無からの天地創造を裏付ける物語として受け取られ、解釈されて、そのように教えられてきてしまっているが、何の先入観も抱かずに単純に読んでいくと、この物語が伝えようとしているものは、それではなく、神がどんなに人間を愛し、人間の幸せを心から願い求め、そのためには必要であるならば、どんなことでも行おうとする神の愛による創造である。それは、天地が創られていく過程を追ってみると、明らかになってくる。

物語は、「初めに、神は天地を創造された」から始まるが、この冒頭の一節は、一章の全体に関わるものであるから、一章全体のタイトルとして理解すれば、分かりやすい。本文は、「地は、混沌《こんとん》であって……」から始まる。つまり、物語は、神が具体的に働きかけていく以前のこの世界の状態が、「どんな状態だったか」、その描写から始まるのである。まさに、そこにこの物語が何を人々に伝えようとしているのかを明かすヒントがある。

「地は混沌であって……」は新共同訳聖書のものだが、フランシスコ会訳は「地はむなしく何もなかった」になっている。しかし、文字どおり訳すと、「無秩序で廃虚のようであった」になる。

「地は、無秩序で廃虚のようであった」とは、「世界は、到底、人間が住めるような状態ではなかった」ということである。この直訳のほうが、当時の素朴な聴き手に分かりやすかったはずである。

「無秩序で廃虚のよう状態」がどのようなものか、具体的に理解するためには、八年前の大地震に見舞われた直後の、東北の太平洋沿岸の地域を思い浮かべてみればよい。家々は倒れ、田畑は泥まみれになり、至る所に津波が運んできた建物や船や車の残骸があふれ、町や村は、人が住めるような状態ではなくなってしまっていた。まさに「無秩序で廃虚のようであった」という表現がふさわしい。

そんな状態の世界に神が働きかけていくのである。

物語は、その後「闇が深淵の面《おもて》にあり」と続き、さらに人が住めるような状態でなかったことを強調する。誰もが闇を忌《い》み嫌う。闇に覆われた世界では、不安におののくだけで、心から安らぐことができない。

神はそんな世界を、人間が気持ちよく住み、生活できるような世界に創り上げていく。神が積極的に動き始める様を、物語は「神の霊が水の面を動いていた」と表現する。

「水の面を動いていた」は、新共同訳のものであるが、単に「動いていた」という訳では、闇に包まれ、無秩序で廃虚のような世界に働きかけていこうとする神の積極的な意志と力強さを伝えきれない。フランシスコ会訳は「神の霊が水の上を覆うように舞っていた」と訳し、「覆うように舞っていた」という動詞は、「まれな語で、鷲《わし》が雛鳥《ひなどり》を飛ばせようとして、その巣の上を舞っている様」と注解している。この訳のほうが、私にはふさわしいように思える。無秩序で廃虚の世界に働きかけようとする神のダイナミックな姿が伝わってくるからである。

神の最初の働きは、闇を駆逐《くちく》することになる。神は「光あれ」と口に出して、この闇に覆われた世界を光で包み込んでいく。聴き手には、ひと言で「光」を生み出す神の力強さと、神は頼もしい方であるという印象を与えたはずである。

その光が、太陽の光でないことは、太陽が四日目に創られていることからも、明らかである。つまり、「光あれ」の光は、神の玉座からの光である。神の存在そのものから放射してくる光である。神の存在そのものが、闇を追い払い、地上を照らし、明るくしていくとも言える。

神は、それを「神は良しとされて」、第一日目が終わる。二日目は、大空と海とを分け、三日目には、地と地の上に実を結ぶ果樹を、四日目には、月と星と太陽を、五日目には、鳥や動物たちを、そして最後の六日目に、人間を創造する。

そこで注目したいのは、何かを創造する度《たび》ごとに、「神はこれを見て、良しとされた」という言葉が繰り返されている点である。「良い」とは、闇や無秩序という人間にとって否定的な状態の反対の極にあるものである。

神は闇を追い払い、無秩序で廃虚のような状態だった世界を、輝かしい秩序と調和に満ちた世界にして、そこに人間を誕生させるのである。その創造の順序から、神がどんなに人間を愛し、大事にしようとしているかが伝わってくる。

それは、高貴な客人を招待し、もてなそうとする主人を思い描いてみれば分かる。主人は、自ら招待した客に喜び、満足してもらいたいために、至れり尽くせりの準備をする。もし、家屋が傷んでいたりすれば修理し、客人にくつろいでもらう客室は隅々まで掃除する。香を焚《た》いたりして、心地よく時を過ごすことができるよう配慮もするだろう。食事にも工夫するだろう。それもこれも、すべて、客人に喜んでもらうためである。

それと同じように、神は至れり尽くせりの準備をした上で、人間に命を与えて迎えるのである。それは、人間が高貴な客人以上に大切で、大事にしなければならない存在だったからに違いない。

実にこの一章の物語は、人間に対する神の愛の物語として受けとったほうが、すっきりする。恐らく、人々は、この物語を聴く度に自分たちが、どんなに神から大事にされているかを確認し、神に対する信頼感を培《つちか》い、生きていく希望の光をくみ取っていったに違いないのである。

②人間の幸せを心から望み願う神

神は人間を創造したあと、人間を祝福する。「神は彼らを祝福して言われた」と。この神が人間を祝福しているという事実からも、神が人間の幸せを心底願い望んでいることが伝わってくる。

祝福には、相手が心の底から願い求めていたものが与えられたとき、それを肯定し、その喜びに共感する心と同時に、与えられた可能性がさらに開花してほしいという願いがこめられている。

私たちも、さまざまな場面で、互いに祝福し合う。例えば、マラソン大会などで見事優勝した選手には、私たちは心からの祝福の言葉をかけるし、競争の激しい入学試験や入社試験に合格し、見事に望む学校・会社に入ることができたことで喜び躍る子どもたちゃ若い人々には、「おめでとう」と祝福の言葉を贈る。また陣痛の苦しみを乗り越えて無事に赤ちゃんを出産した母親には、心から「おめでとう」と言う。

実に私たちが日常の出来事の中で互いに贈り合う祝福には、本人が心から望んでいたものがかなえられ、喜んでいる姿を見て、「良かったね」と言って、その姿をそのまま肯定する優しい気持ちと、その喜びに合わせて共に喜ぶという共感がある。また無事に出産を終えた母親に対する祝福には、赤ちゃんがすくすくと育ってほしいという祈りもこめられている。

こう見ていくと、神が人間を祝福したということは、神が、私たち人間の存在を喜び、幸せになってほしいと心の底から願っていることを明かすものである。

神が人間そのものを肯定し、心の底から幸せになってほしいと願っている、と語る創世記の物語は、人々に言いしれぬ安心感を与えたに違いないのである。

無秩序で廃虚のような状態から、輝かしい秩序に満ちた世界を創造した力に満ちた神が、自分たちの幸せを心から望んでいるのである。これほど力強いことはない。

人々は、この物語を聴く度に、どんなに真っ暗な闇の中に落とされても、神が、自分たちを見守り、常に寄り添ってくれるという信頼感を育み、どんなに絶望的な状況に見舞われても、絶望せず、その闇をくぐり抜けていく力をくみ取っていったに違いないのである。

人間に幸せになってほしいという神の思いは、絶対である。揺らぐことがない。自分たちが命を与えたわが子が、どんなにひどい非行を犯しても、わが子には幸せになってほしいという親の心が揺るがないように、人間に対する神の気持ちも揺らぐことはない。神は絶対的な存在だからである。

そんな神の心を、イザヤ書が次のように記している。

「シオンは言う。
主はわたしを見捨てられた。
わたしの主は、わたしを忘れられた、と。
女が自分の乳飲み子を忘れるであろうか。
母親が自分の産んだ子を憐れまないであろうか。
たとえ、女たちが忘れようとも、
わたしがあなたを忘れることは決してない。
見よ、わたしはあなたを

わたしの手のひらに刻みつける。」（イザヤ49・14〜16）

このイザヤ書の言葉は、恐らく、イスラエルの人々が、神に背を向け、偶像崇拝に陥《おちい》って、バビロンの囚われになった時期のものと言われている。

偶像崇拝に陥って、自分たちは神から見捨てられても当然だと思っている人々に、神は、イザヤを通して、どんなにひどい過ちを犯しても、決して人間を見捨てることはない、ということを伝えていくのである。そこにあらわれる神の心は、創世記の一章にあらわれる神の心の延長線上にある。

そこに示されている神の心は、教えに背いて離婚し、再婚した人々に厳しく向き合わなければならないとする心とは、明らかに違う。教皇は、教会全体が、神の心に立ち戻り、神の心に息吹かれた共同体に変わっていくことを願っているのである。

親としての神は、決して人間を見捨てず諦めない

楽しく食卓を囲む家族!?

「それでは、家族で楽しく食卓を囲む、この穏やかな家の敷居をまたいでみましょう。真ん中には、二人の愛の歴史を生きてきた父親と母親である夫婦がいます。」（使徒的勧告『愛のよろこび』9項、邦訳16ページ）

使徒的勧告の中で、具体的に家庭・家族について語り始める教皇の語り口は、柔らかで、親しみやすく、分かりやすい。難解な神学用語や教会用語などがなく、その文言は、誰もがこうあってほしいと願い望む家庭・家族の理想的な姿を彷彿させ、誰の心にも、素直に届いていく。

しかし、中にはこの冒頭の「楽しく食卓を囲む」「二人の愛の歴史が生きている」という文言に戸惑い、たじろいでしまう人もいるのではないか、と私には思われる。とい

うのは、現代社会にあっては、「食卓を楽しく囲むことができる家族」が少なくなってしまっているように思えるからである。

実に、今日の日本は、子どもたちの孤食が増えたり、三組に一組が離婚し、離婚予備軍が数百万にもなると言われたりしている社会である。子どもも親も学校や職場の時間に縛られたりして、一緒に食事をすることが困難になってしまっている家族や、愛がすっかり冷めて、互いの顔を見るのも嫌になって、同じ食卓に着くことに苦痛を抱いてしまっている夫婦も、少なくないのである。

そうした状態にある人々にとっては、教皇の言葉は理想としては受け止めることができたとしても、自分たちには手の届かなくなった、別世界のことのように思えてしまうに違いない。

教皇はなぜ、冒頭に理想的な家族の姿に言及することから、使徒的勧告を始めようとしたのだろうか。教皇は、両親がイタリアから移ってきた当時の、互いに助け合い、支え合って生きていた頃の温かな家庭を思い起こしていたからなのだろうか。

しかし、教皇が現代世界にあっては、どこに行っても、これまでに見られないほど、多くの家庭が揺らぎ、不安定になってしまっている実態を知らないはずがない。

アルゼンチンの大司教時代に、足しげくスラム街に通い続けた誠実な司牧者であった教皇は、そこで貧しさ故に、多くの家庭が不安定になってしまった現実に触れてきているはずである。

家族がばらばらになってしまう背景にあるものは、先進国では、主として経済的な豊かさを最優先にして走る社会の価値観であるが、発展途上国では貧困である。特にスラム街などでは、貧困故の離婚が多い。貧しさと疲れで心がむしばまれ、家庭が崩壊していくパターンである。

貧困社会では、男たちの多くが仕事を求めて出稼ぎに行き、家族から離れていく。また「職がない」「働いても給料が低い」などの理由から、親たちは心のゆとりを失っていく。そして徐々に思うようにならない現実に焦りが生じ、いら立ちも生まれ、いつしか怒鳴り声、暴力が飛び交うことが、普通の家族になっていく。そうなると家庭は、夫婦にとっても子どもたちにとっても、安らぎの場ではなくなってしまう。そんな家族にとっては、温かな心で一緒に食卓を囲むことは、夢のまた夢である。

教皇は、司牧の前線で働いて、家族の体《てい》をなさなくなった多くの家庭・家族に触れ、そこでもがき苦しみ、悲しむ人々の相談に乗ったりして、理想的な家庭を築き、家族として生きていくことが、どんなに難しいことかを肌で感じ取り、私たち以上に心を痛めてきていたに違いないのである。

家庭についてのシノドスを立て続けに二回も召集したのも、家庭が危機的な状況にあるという認識からであったことは間違いない。

教皇の心を燃やし、駆り立てているものは「これらの小さな者が一人でも滅びることは、あなたがたの天の父の御心ではない」とキリストが明かした神の心である。教皇は、神の心に応えて一人ひとりの人間を救うために、家庭・家族を救いたいのである。というのは、家庭の危機は、人間の危機につながっていくからである。家族が揺らげば、確かに一人ひとりの人生は揺らぎ、多くの人が闇に覆われた歩みをたどることになる。

また、この使徒的勧告が、教会全体に対する教皇の心からの呼びかけであることも、見落としてはならない。「教会は野戦病院でなければならない」と呼びかけた教皇は、教会全体がこれまでの教義中心の姿勢を改めて、危機的状況に直面している家庭を理解し、それに温かく寄り添う共同体になってほしいと切に願っているのである。

この使徒的勧告に込められているメッセージを正しく理解するためには、その根底に息づいている教皇の心と思いに心を留めながら読むことである。

神は、人間一人ひとりの親に他ならない

教皇が、初めに「家族で楽しく食卓を囲む」「二人の愛の歴史を生きてきた父親と母親である夫婦」と、家族の理想的な姿に言及したのは、そこに人を男と女に創られた神が望み、願っている人間の幸せがあることを、私たちに思い起こさせて、改めて人々を鼓舞したいという思いと同時に、たとえ、家庭が破綻《はたん》したとしても、神は決してとがめることなく、むしろ憐れみ、手を差し伸べようとしていることを明確に示して、人々に希望を伝えたいという意図があってのことと思われる。

特に今回、私が強調したいことは、神が私たちの親であり、親としての神は、たとえ家庭・家族が破綻したとしても、決してわが子を冷たく裁いたり、見捨てたりしないということ、つまり、神は最後の最後まで、ご自分が命を与えた私たち人間一人ひとりの幸せを願い続ける方であるという真理である。

神が、人間の幸せを心から願っていることは、先に指摘したとおりである。それは、神が人間を男と女に創造した直後に、彼らを直接祝福したことからも明らかである。

しかし、「神が人間の幸せを願っている」という真理は、わざわざ聖書の物語に頼らなくても、神を人間に命を与えた親であるという観点に立って考えてみれば、誰にも納得できることである。

そもそも親という存在は、——私も例外があることを重々承知の上でのことだが——わが子の幸せを願い、望むものである。親の心には、子どもを産んだ瞬間から、わが子の幸せを願う愛の灯火がともる。女性の場合は、それは身ごもったということを知った瞬間から始まる。その愛が、親たちに生きる力、生きる喜び、そして生きる意味を与える。またどんなに人生が厳しくなっても、それに堪える力を親たちに与えるのも、またどんなに疲れ、仕事がつらくなっても、親たちに職場に足を運ばせる力を与えるのも、子どもには幸せになってほしいという思いなのである。

それは、わが子が成人し、よきパートナーと出会い、自分たちの手を離れて新たな歩みを始めようということになっても、変わらない。それが親というものである。

神は、人間に命を与えたのであるから、私たち人間の親として理解しても、おかしくはない。そもそも神を父と呼ぶように、明確に私たちに教えてくれたのは、他ならぬキリストである。

「あなたがたの中に、魚を欲しがる子供に、魚の代わりに蛇を与える父親がいるだろうか。また、卵を欲しがるのに、さそりを与える父親がいるだろうか。このように、あなたがたは、悪い者でありながらも、自分の子供には良い物を与えることを知っている。まして天の父は求めるものに聖霊を与えてくださる。」（ルカ11・11〜13）

もし、神を私たち人間の親だとするならば、親としての神が、ご自分が命を与えた人間の幸せを願わないはずがない。むしろ、私たち人間の親たちがわが子を愛する以上に神は、私たち人間の幸せを真剣に願っている、と言うべきである。イザヤ書が、そうした神の姿を私たちに伝えている。


「女が自分の乳飲み子を忘れるであろうか。

母親が自分の産んだ子を憐れまないであろうか。

たとえ、女たちが忘れようとも、わたしがあなたを忘れることは決してない。

見よ、わたしはあなたをわたしの手のひらに刻みつける。」（イザヤ49・15〜16）

これは、バビロンの侵略を受け、バビロンに強制連行されて惨めな生活を余儀なくされて、自分たちは神から見放され、見捨てられてしまったという否定的な思いに覆われてしまった人々の心に、希望を与えようとした神の言葉である。

当時の人々の心に深く刻まれていた神は、「万物の主宰者・統治者・主」としての神である。神を「万物の主宰者・統治者である」と捉えてしまうと、神は、正義の論理に基づいて、人間の善悪をきちっと裁き、善人には報い、悪人には罰を与える厳しい神になってしまう。

しかし、そうなると統治者としての神の前に、堂々と胸を張って立つことができる者は、義人だけになる。罪人は、神の前に立つことができないどころか、突き放され、排除されてしまうことになる。

神を「万物の主宰者・統治者」として理解していた当時の人々は、自分たちが十戒に背き、偶像崇拝に走ってしまったのだから、「罰せられても、見捨てられても仕方ない」と思い込んでしまい、神から見捨てられ、罰せられてしまったという絶望的な思いに覆われてしまっていたのである。

そんな人々に、イザヤ書は、神と人間との関わりは、「親と子の命のつながり」であることを強調して、人々に希望を与えようとしたのである。

親と子の間には、正義の論理は通用しない。親は損得を度外視して、子どもの幸せを願って、ひたすら働き、与え続ける。報いを求めない。

また、わが子が期待に背き、たとえ大きな過ちを犯したとしても、わが子を冷たく見捨てたりはしない。幸せの夢が破れ、離婚せざるをえなくなったわが子の姿を前にした時、他の誰よりも心を痛めるのは親なのである。

親は、わが子を責めるよりも、結婚に失敗したことのわが子の心の痛みとつらさに心を配り、いっときも早くその心の傷を癒やし、そこから立ち上がり、再度新たな幸せを見いだしてほしいと祈り、願う。それが親の真実である。

したがって、親としての神が、人間が掟に背いたというだけで、人間を冷たく突き放し、裁いてしまうはずがない。むしろ、愛の夢に破れて深く傷つき、悩む人間に対して、他の誰よりも心を痛め、悲しみ、もう一度、幸せを見いだしてほしいと願っているはずである。それが神の真実だと言っても言い過ぎではない。

したがって、離婚した人々が聖体をいただくことを拒んだり、新しい人と出会い、新たな歩みを始めようとしている人々に、祝福を拒むような教会の姿勢は、おかしいということになる。

神は、人間の親であるという観点に立って、教会のありようを見直していく

神は、人間の親となった以上、それまでのように超然と、高見から人間を見下ろすような姿勢をとり続けられるはずがない。親の心がわが子の歩みから離れられなくなってしまうように、神も、人間の歩みから心を離すことができなくなって、私たち人間一人ひとりを温かく見守り、その一挙手一投足に心を配り、その歩みに寄り添い、支え励まし、導こうとするのである。

もし、このように人間の親としての神の理解を深めていくことが許されるならば、結婚に破綻した人々に対して、教会のこれまでの厳しい姿勢は改められねばならない。というのは、離婚したわが子の姿に、他の誰よりも心を痛め、人知れず、悶々と悩み苦しむのは、親としての神に他ならないからである。

教皇は、教会全体が親としての神の心の理解を深めて、家庭・家族に対するこれまで

の教会の倫理道徳・教義を中心とした固い司牧姿勢を改めて、温かな共同体に変わっていくことを願っているのである。

家族であることの福音的意義は、どこに……

「家族の真ん中に、二人の愛の歴史を生きてきた夫婦がいる」

教皇が思い描いている家庭・家族の理想的な姿は、無論、温かな愛にあふれた家庭である。それは、家庭について具体的に話を始める冒頭の文面から伝わってくる。

「それでは、家族で楽しく食卓を囲む、この穏やかな家の敷居をまたいでみましょう。真ん中には、二人の愛の歴史を生きてきた父親と母親である夫婦がいます。」（使徒的勧告『愛のよろこび』9項、邦訳16ページ）

時間になると食卓に集まり、和気あいあいと言葉を交わしながら、親が心を込めて準備したものを食し、共にいることを楽しむ家族。それが、教皇がイメージしている家族のようである。

こうした温かな家族団欒《だんらん》の光景は、確かに、家庭を築いていこうとするカップルの誰もが、そうあってほしいと願う家庭の姿であるに違いない。

しかし、そこで、私が注目したいのは、その文脈の中で、教皇が、「その中心に親たちがいる」と述べ、家族の中心にいる二人を「愛の歴史を生きてきた」と表現している点である。

キリスト教的な視点からすれば、その愛は、夫婦としてカップルを結びつけ、二人を導き、それまでの家庭を支えてきた愛以外にない。

教皇は、二人の男女が、「この人と生涯を共にしたい」と胸をときめかせ、互いに慕い求めることから始まって、祭壇の前で、司祭の立ち合いの下、「病気のときも健康のときも、逆境のときも順境のときも、愛と誠実を尽くすことを誓います」と宣言して、めでたく夫婦となり、その後、互いに温かく包み合いながら生きてきている歩みを、「愛の歴史」と表現したのではないかと思われる。

しかし、実際には、教皇の「愛の歴史」という表現にたじろいでしまう夫婦は、少なくないのではなかろうか。それは、「あなた方は愛し合っていますか」と夫婦に質問し、その本音を聞いてみれば分かることである。

結婚したての若いカップルならば、「愛」という言葉を積極的に口に出して、臆せずに愛し合っていると宣言するかもしれないが、数十年の長い歳月を歩んできた夫婦は、そうはいかない。

胸に手を当ててみれば、どの夫婦にも、相手に汚い言葉を浴びせたり、罵《のの》ったり、思わず手を出してしまったり、相手に対する憎しみに駆られ、相手の顔を見ることさえ嫌だという思いに支配されてしまったりした過去があり、どの夫婦も、「愛の歴史」を貫いてきた、と胸を張って宣言することができない、後ろめたさを抱えてしまっている。

夫婦の歴史は、諍《いさか》いの歴史でもある

結ばれる前は互いに胸をときめかせ、時間を惜しんで求め合った時期があったかもしれないが、それはいつまでも続かない。同じ一つ屋根の下で共に生活していくことになれば、遅かれ早かれ、避けることのできない厚い壁に直面することになる。

その壁とは、生い立ちによる違い、受けてきた教育の違い、人生観・価値観の違い、それに男性・女性の感性の違い・思考回路の違い、そして求めるものの違いなどなど、さまざまである。それに、それぞれの人格的な未熟さと身勝手さ、わがままなども加わって、自分の思いどおりにならない相手にいら立ったりして、不快感を募らせたりして、相手に怒りをぶつけてしまうようになる。

それは、子育ての仕方、部屋の片づけ方、家事への協力の仕方や、連絡なしの遅い帰宅、お金の使い方などなどの日常のごくごくささいなことに現れ、それが引き金になって、不信感を募らせていく。

第三者から見れば、実にささいなことだが、夫婦は、小さな食い違いにいら立ち、それが高じて激しい言い合いになったり、時には、暴力に走ってしまったりする。そんなことが積もり積もって、やがては、どうしてこんな人と結婚してしまったのだろうかと後悔の念も芽生え、できれば別れたいという思いを募らせてしまう。

離婚増加に見る耐性と受容能力の低下

それに耐えられなくなった結果が離婚である。今や、先進国では、どの国でも離婚が増加している。日本も、一九六〇年代には年十万件にも満たなかった離婚が、ここ数年は二十五万件ほどになり、三組に一組が離婚する「離婚大国」になってしまった。

離婚の増加には、さまざまな要因があるが、その根本的な要因は、私には、こうした食い違い、諍《いさか》いの重さに耐える力を弱めてきてしまっていることにあるのではないか、と思われる。それは、また若年層の離婚が多いことからも裏付けられる。

現代の若者たちの多くは、核家族の中で、親の目の届く世界で、親に見守られながら育てられてしまうため、異質な世界に触れて、その中でもまれ、鍛えられる機会が与えられないままに社会人になってしまっている。もし、幼い頃から、家族以外の人々と交わったり、家族が醸《かも》し出す文化とは異なる外の多様な文化・価値観に触れてもまれたりしていれば、自分とは異なる価値観・願望を抱いているパートナーと一緒になっても、その違いを理解し、受容し、共に生きていく力を育てられたかもしれない。

また、少子化の浸透で、兄弟姉妹が少ない中で育ってしまうことの影響も無視できない。兄弟姉妹が多ければ、兄弟げんかなどを繰り返すことによって鍛えられ、他者を受け入れていく力を身につけていくことができる。しかし、それも、少子化が進んでしまった現代社会にあっては期待できない。

こうして耐性を育てられないまま、そして受容能力を育てられないままに育ったカップルが結婚して、互いの違いを受容できず、耐えることに疲れ果ててしまうのは、当然なことと言える。

また、離婚予備軍が多いことも、無視できない。女性たちを対象としたある民間の調査によれば、「離婚は全く考えていない」と答える女性はわずか一八％で、「時期にかかわらず、夫との離婚を考えている」女性が四六％、「夫に頼らず生活できるメドが立てば、離婚しようと思っている」女性が一三％、「子どもが独立したら離婚しようと思っている」女性が一三％ということである。

また、男性たちを対象とした別の調査は、「今の妻と一生を添い遂げる自信がありますか？」との問いに、三四％が「いいえ」と回答していると報告している。三人に一人が「添い遂げる自信がない」と答えていることになる。

こうした調査から、多くの夫婦が、表面的には夫婦の体裁を繕っていても、その実、真の愛を失ってしまっていることが分かる。司牧経験豊かな教皇も、こうした現実を知っていたに違いない。

離婚増加の社会的背景

離婚が多くなってしまった社会的な要因も、見逃せない。夫婦を支えてくれる地域共同体が消えてしまったことも、一つの理由として挙げられる。

一昔前までの村などの地域共同体が健在だった頃は、夫婦の近くには、親や兄弟姉妹や先輩たちがいたりして、困ったときには相談することもできたし、夫婦間のゴタゴタを乗り越えていく知恵を授けてもらうことができた。

しかし、そのような地域共同体は、今や過疎化して姿を消し、多くの若者たちは、結婚した後は、就職先の事情もあって、親元から離れた生活をするようになる。

都会では、それぞれの家族が孤立し、いざとなったとき、相談に乗ってくれる共同体は近くに見いだせない。実に、都会のマンションやアパート生活では隣人と挨拶したり言葉を交わしたりすることもまれで、いざ問題に直面したときの相談相手にはならない。

さらに、テレビやネットが発信する華やかなコマーシャルの影響も無視できない。これでもかこれでもかと、華やかで快適な生活に誘うコマーシャルが二十四時間流され、人は茶の間でそれを目にする。華やかで快適な生活は、パートナーに不満を抱いてしまっている女性たちには、誘惑である。離婚すれば、自由になり、快適に生きられるという思いに誘われていく。

自由で快適な生活への憧れも、離婚の増加の社会的背景の一つとして指摘できる。

教会は、どうしたらよいか

家庭・家族をテーマにした使徒的勧告『愛のよろこび』には、教会全体が、悩み苦しむ夫婦・家族を支えることができる確かな共同体になってほしい、という教皇のたっての願いが込められていることも、見逃してはならない。

そのために地域の教会ができることがあるとすれば、それは夫婦を励まし、支えていくためのシステム、体制を整え、充実させることである。具体的には、地域の教会で、困難な状況に置かれている夫婦が、気安く、しかも信頼をもって相談することができる指導者の育成を図ることである。

これまでのような結婚・離婚の教義の視点からの、聖職者たちを中心とした司牧には限界がある。今日、現実的に求められるものは、上からの目線ではなく、夫婦が直面している現実を理解し、その苦しみに共感し、親身になって、一緒になって光を見いだしていこうとする柔軟な姿勢である。そのために、カウンセラーの協力も必要だろうが、何よりも、酸《す》いも甘いもかみしめたベテランの夫婦たちの力を借り、司祭たちを含めた対応チームを作り、育てていくことである。

もう一つは、キリスト教的な価値観を明示し、夫婦として寄り添い続けることの福音的な意義を明らかにして、発信し、励ましていくことである。

その点で、夫婦としての日常の関わりには福音的な意義があることを、もっともっと強調していくべきではないかと、私は考える。マタイ福音書に記されているキリストのたとえ話に込められている価値観の実践の場としての家族の存在意義である。

「わたしが飢えていたときに食べさせ、のどが渇いていたときに飲ませ、旅をしていたときに宿を貸し、裸のときに着せ、病気だったときに見舞い、牢にいたときに訪ねてくれたからだ。（中略）はっきり言っておく。わたしの兄弟であるこの最も小さい者の一人にしたのは、わたしにしてくれたことなのである。」（マタイ25・35〜40）

喉が渇いているとき水を与え、飢えているときに食べ物を与え、病気になったときに、温かく寄り添う、それは、どの福祉施設よりも、どんな崇高の理念のもとに行われるボランティア活動よりも、家族の間で、きめ細やかに日常的に行われている。キリストが語る「この最も小さい者」とは、具体的にこの夫、この妻、この子になる。実に、家族・家庭は、キリストの呼びかけに応える、最も手近な福音の実践場として、高く評価され肯定されるべきではなかろうか。

また、この点で、創世記二章の、神がパートナーを創造する場面も参考になる。そこで、創世記は、神が人間にパートナーを与える理由を明らかにしている。神は、「人が一人でいるのは良くない」と判断し、パートナーとなる人間を創造するのである。「人が一人でいるのは良くない」という言葉は、内容豊かな含蓄《がんちく》のある言葉である。「一人では、人生を全うできない」「一人では生きる意味を見いだせない」「一人では人格的に成長できない」「一人では生きてきてよかったという充実感や喜びを味わえない」などと解釈できる。

そこで、神は、「一人では生きていけない」人間に、「ふさわしい助け手」を創造して与えようとするのである。それは、新しく創造するもう一人の人間に、「一人では生きていけない」人間をあずけ、委ね、任せようとすることに他ならない。

教会の長い歴史の中では、「夫婦は神が結び合わせたものである」という側面が強調されてきてしまったきらいがあるが、創世記の二章を根拠にすると、神が結び合わせたということを強調するよりも「一人では生きていけない」この人を、「あなたに預け、委ねたい。どうか、生涯にわたって助け、支えてほしい」と神に乞い願われて、「はい」と受諾して、夫婦として結ばれたということを、もっともっと強調しても良いのではないかと私には思われる。

パートナーを与えられた人間の感動を、創世記は「これこそ、わたしの骨の骨、わたしの肉の肉」と表現している。それは、生涯を誠実に関わってくれるパートナーを見いだしたことに対する感動、感激の言葉である。

もし、神から預けられ、委ねられた相手だという確信を深めれば、夫婦は、互いの気持ちがどのように変化し、どのように揺れようが、神に対する責任感から、神にお返しするまで、耐え、関わっていく力をくみ取ることができるのではなかろうか。

四、現代世界への教皇の挑戦

現代世界は、叫びを上げている

教皇の現代世界への挑戦

最初の使徒的勧告『福音の喜び』も特別聖年にあたって公布された勅書「*Misericordiae Vultus*」（邦訳『イエス・キリスト、父のいつくしみのみ顔』）も、この世界の至る所で苦しみ、もがく人々の痛々しい姿を見て、いたたまれなくなった教皇の心から生まれたものである。そのいずれからもこの世界の底辺に生きる人々に対して教皇が並々ならぬ関心を寄せていることが伝わってくるのである。またそこには、教会全体がこの世界の苦しむ人々の希望になってほしい、という教皇の熱い願いが込められている。

「自分とはまったく異なる周縁での生活――現代世界がしばしばその劇的な状態を引き起こしています――を送るすべての人に心を開くことです。」

「世界の悲惨さと、これほど多くの尊厳を奪われた兄弟姉妹の傷をよく見るために、

目を開きましょう。」

「助けを求める彼らの叫びに耳を傾けるよう呼びかけられていることに気づこうではありませんか。」

「彼らの叫びが、わたしたち自身の叫びとなりますように。」（いずれも、勅書15、邦訳25ページ、傍線筆者）

なぜ教皇は、最初の勅書で、苦しみ、もがく人々に心を開くように、私たちに呼びかけようとしたのか。恐らくそれは、教皇自身が、アルゼンチン時代にスラム街の人々にじかに接してきて、惨めな生活を強いられてしまう多くの人々の傷ましい姿に揺さぶられ、心を痛めてきていたからにちがいないのである。

教皇の人々に対する思いの深さと真実は、「今日の世界には、どれだけ不安定で苦しい状況があることでしょうか。どれだけの傷が、もう声を上げることができない多くの人の肉体に刻まれていることでしょう」という言い回しからもうかがうことができる。

教皇は、第二バチカン公会議後、変わったとは言え、教会はまだまだ十分に開ききっていないと判断していたに違いない。また私たち信者に物足りなさを抱いていたに違いない。

確かに私たち信者の多くは、身近な周りで多くの人々が苦しんでいるにもかかわらず、周りの人の生きざまについては無関心で、鈍感のまま日々を過ごしているからである。たとえ、主日のミサに通っていても、私たちの大半は、自分の幸せ、そして自分の救済だけに関心を向け、それで良しとしてしまっている嫌いがある。

そんな私たちに、教皇は、「憐れみの特別聖年」を設けて、私たちが、憐れみの神に対する理解を深めて、社会の現実に目を開き、苦しむ人々に関心を寄せ、積極的に手を差し伸べていくよう、呼びかけようとしたのである。というのは、人々の惨めな姿を見ていたたまれなくなって駆け寄ろうとするのが、神の本質だからである。神の憐れみによって、人類は救われ、キリスト者が誕生し、教会が誕生してきたからである。教皇は、教会が神の憐れみの上に立って人々と向き合うよう、私たちに呼びかけようとしたのである。

その教皇の呼びかけに応えていくために、私たちにまず求められることは、この世界の残酷な現実を見極めることである。現実の理解は、教皇の思いに少しでも近づいていく道を、私たちに開いてくれるはずである。

国家・民族の残酷さ……数字から

この世界が一人ひとりの人間にとってどんなに残酷であるかは、統計からも確認することができる。また、そこから人々を不幸にしている問題点も明らかになってくる。

例えば、戦争や紛争の犠牲者の数である。十九世紀以降の武器の開発は著しく、大規模な破壊と殺戮《さつりく》を可能とした。その結果、戦争や紛争の犠牲者の数は、それまでとは比較にならないほど膨大なものになってしまった。

ちなみに、第一次世界大戦では二千六百万人、第二次世界大戦では五千四百万人。その中には、都市や町などの絨毯《じゅうたん》爆撃で破壊された一般市民の家屋や心身に致命的な負傷を被った人や命を奪われてしまった女、子どもたちも含まれる。

実に、第一次、第二次世界大戦では、人類は、これまでの歴史になかったほどの破壊と殺戮を体験した。しかし、それにもかかわらず、人々は、その後も、性懲《しょうこ》りもなく、各地で戦争を続けてきているのである。

朝鮮戦争では約二百万人、カンボジア内戦では約一二二万人、バングラデシュの分離戦争では百万人、アフガン内戦では一五〇万人、スーダン内戦では一五〇万人、ルアンダ内戦では百万人、イラク戦争では六十五万人、シリア内戦では五十万人……。

いずれの数字もおおよそのものでしかないが、数を見るだけでも、人々から生きる喜びを奪ってしまう人間の恐ろしさ、そして「国家・民族」と名のつく存在の残虐さが伝わってくる。

戦争・紛争がもたらす残酷さは、死者の数を増やすだけでは終わらない。無数の難民を生み出していく。無防備な一般市民は、砲火が飛び交う村や町にとどまることができず、戦火を逃れて、安全な地域を求めて故郷を離れていく。その数も、計り知れない。

シリア難民三九〇万人（七六〇万人が国内で避難）、パレスチナ難民五百万、アフガニスタン難民三百万人、イラク難民約一七〇万人、アフリカ難民三百万人などなど。二〇一五年度の国連の報告では、六五三〇万人（二〇一五年末、国連難民高等弁務官事務所（＝ＵＮＨＣＲ）と報告されている。

難民キャンプでは、電気、上下水道、ガスなどはなく、その生活は悲惨である。水も食料も乏しく、国連や善意の人々の支援だけが頼りとなる。しかしそれも、しばしば道が寸断されたり交戦が続いたりして、届かない。飢えをしのぐのも難しく、必要な医薬品もままならない。そうした状況での犠牲者は、何よりも助けを必要とする病人や老人、それに幼い子どもたちである。

家屋を破壊したり、人々の命を奪ったり、居住地から無理やり人々を追い出してしまうことは、どのような理由があれ、犯罪である。攻撃・爆撃を繰り返す国家・民族は、この地球上の最悪の犯罪者ということになる。

もし、国内で、強奪や殺人は無論のこと、周りの家屋を破壊したり生活を脅かしたりすれば、当事者は犯罪者と見なされ、捕らえられ、法廷で裁きを受け、それなりの刑罰を受けることになる。ところが、国家や民族の名において敵対する相手国の人々の生活を脅かしたり、その命を奪ったりしても、国家は、誰からも裁かれない。今や国家は、内政不干渉の原則に基づいて、外からの干渉からは免れてしまっているのである。残念ながら、国家や民族の犯罪を裁くシステムは、いまだ確立されていない。

国家間紛争調停のための国際司法裁判所や人道上の犯罪を扱う国際刑事裁判所などが設置されているが、戦争や紛争時の破壊や殺戮行為に対しては、実行力は乏しく、ほとんど無力である。国連の働きにも、限界がある。

国家や民族のエゴイズム、願望・欲望の根は深く、それが、高まると恐ろしい暴力となり、家屋の破壊や殺戮《さつりく》になって、計り知れない数の人々の幸せを奪い、踏みにじっているのである。そんな国家や民族のエゴイズム・欲望の暴走を止めることができないのである。そこに、現代世界の悲劇がある。

そのための歯止めを見いだしていくこと。そこに、現代世界に生きる私たちに課せられた大きな課題がある。教皇は、その歯止めとして、神は憐れみであるという旗を掲げて、この世界の残酷さと対峙《たいじ》するよう、教会全体に呼びかけ、教会に新たな自覚を呼びかけようとした、と言えるのである。

憐れみの神……究極の歯止めとして

現代世界の大半の国家は、一人ひとりの命はかけがえがなく、尊いものであるという認識の上に立っている。その土台の上に法が設けられ、普段の私たちは、その法に守られて日常を過ごしており、もし、誰かが、法を犯せば、警察が動き、捕らえられ、裁かれていく。国内にあっては、人間の基本的人権を脅かす行為は、たとえ、政府の行為であっても、許されない。司法が、独立した権限を持って、一人ひとりの人間の尊厳を侵されないよう、目を光らせている。

ところが、いざ国と国、民族と民族が対立するとなると、一人ひとりの人間の尊厳は、集団の利益の前に吹き飛んでしまう。そうした国家や民族の暴走を抑えることができる、国家や民族から独立した権限を委ねられた機関がないのである。

現代世界にあって、国家、民族のエゴイズムや欲望の高まりに歯止めをかけることは、実に容易なことではない。それが、どんなに難しいことであるかは、世界各地で次から次へと勃発してくる戦争や紛争からも明らかである。またここ数年、人間の基本的人権の上に成り立っている欧米諸国などで、移民や難民に対する排斥運動の高まっていることからも明らかである。たとえ、基本的人権に対する認識があっても、民族意識の高まりの前には、歯止めにはならないのである。

ヨーロッパで移民や難民の排斥を呼びかける政党が躍進したり、アメリカでも「アメリカ　ファースト」を連呼した候補者が大統領に選ばれたり、日本でも差別・排外主義の旗を掲げる「日本第一党」という政党が誕生したりするのは、国家の内側に深く潜んでいる一人ひとりの人間のエゴイズムが吹き出して、大きな力をもってしまった結果である。

私には、国家や民族の安定と繁栄を否定するつもりは毛頭ない。私たちは、誕生と同時に国家、民族の一員として受け止められ、その中に組み入れられ、支えられ、助けられながら、自らの幸せを求めて生きているからである。

国家が不安定であったり、民族として落ち着きを失ったりすれば、生活も不安定になる。したがってそれぞれが帰属する国家や民族の安定や豊かさを願い求めていくことは当然なことである。

しかし、国家や民族の安定とその繁栄を絶対化してしまうことは危険である。絶対化しすぎると、一人ひとりの人間の尊さ、かけがえのなさが見えなくなってしまう恐れがあると同時に、他の国家・民族にもかけがえのない一人ひとりの人間がけなげに生きているという事実が見えなくなってしまう恐れがあるからである。

一人ひとりの尊厳、かけがえのなさは絶対不可侵であるという真理が、国家や民族の営みにとって歯止めとなるべきである。しかし、それも、今やナショナリズムの高まりの前に、風前の灯火のようになってしまっている。

そんな世界の危険な現実を念頭におくとき、憐れみの神を強調した教皇の意図が、私には分かってくる。つまり、国家主義・民主主義の暴走の絶対的な歯止めとして「神の心」を示し、その土台の上に立って、差別と暴力が正当化されていく現代世界の状況と向き合い、人々に希望を与えていく。そこに教皇の狙いがあったのではないか、と私には思えるのである。

教皇が強調する憐れみの神は、万物の主宰者としての神よりも、人々の傷《いた》み、悲しみ、苦しみを見て、人々に寄り添おうとする神である。

「特別聖年」を設けた教皇の意図は、私たちが、神の憐れみを深く理解して、神の心に立って、単なる人道主義・ヒューマニズムを超えて、世界の残酷さと向き合い、世界に生きる一人ひとりの真の希望となっていくことにあったのではないかと、私には思われるのである。

資本主義経済のシステムに警鐘を鳴らす

教皇フランシスコは、現代世界の隅々にまで浸透し、人々の心に深く入り込んで人々の日常をすっかり支配してしまっている経済のありように、厳しい警鐘を鳴らす。使徒的勧告『福音の喜び』の中で、次のように記している。

「**『殺してはならない』というおきてが人間の生命の価値を保証するための明確な制限を設けるように、今日においては『排他性と格差のある経済を拒否せよ』ともいわなければなりません。この経済は人を殺します**」（『福音の喜び』53項、邦訳56ページ、傍線筆者）と。

使徒的勧告とは、全世界のカトリック信者に向けた教皇の指導書簡である。その中で教皇は、「この経済は人を殺します」とまで断言してしまっているのである。カトリック教会の責任者としての教皇の言葉には、それなりに重さがある。教皇は、一体、何を根拠にして、どのような視点から「この経済が人を殺す」とまで断言しているのだろうか。その真意を慎重に確かめてみる必要がある。

資本主義経済がもたらしたプラス面

①生活の向上

教皇の言葉とは言え、「この経済は人を殺す」という教皇の言葉に素直に共感し、そのまま相槌《あいづち》を打つことができる者は、カトリック信者の中にどれほどいるのか、正直なところ、私には疑問である。というのは、大半の人は、現代社会の経済の仕組みにどっぷりと浸り、その恩恵にあずかって生活を楽しんでいるからである。

例えば、サラリーマンたち。彼らは、日々黙々と職場に通い、それで給料をもらって家族を支え、幸せな生活を築こうと懸命に生きている。彼らの多くは、経済の仕組みがその内にさまざまな矛盾や欠陥を抱えていることをうすうす感じてはいても、教皇が指摘しているように、「人を殺す」仕組みにまでなってしまっているとは、夢にも思っていないだろう。

というのは、資本主義経済が登場してからの歴史を振り返ってみるとき、表面的にはマイナス面よりも、人々の生活を向上させてきたというプラス面の方が目につくからである。

資本主義経済が登場してくる以前の社会は、封建社会である。人々は出自《しゅつじ》・身分などによって差別されており、人口の大半を占めていた農民たちには、移転や職業選択の自由もなく、王や領主たちが支配する土地の田畑を耕す義務を負わされた上、収穫の大半は王や領主たちに差し出さなければならなかった。その生活は決して楽なものではなかった。中でも下層階級の人々の生活は劣悪で、その日の糧にも事欠き、慢性的な飢餓状態におかれ、幼くして死んでいったりする子どもたちも少なくなかった。

そのような社会を変え、人々の生活環境を改善し、一般の人々にも人間らしい生活をもたらしたものが、産業革命とともに始まった資本主義だったのである。

新しいエネルギー、つまり蒸気で工場が稼働するようになって、物が大量に生産されるようになる。そのおかげで、それまで特権階級の者にしか手に入れることができなかった物が、一般の人々も安く手に入れることができるようになり、人々の生活は、著しく改善され、向上していったのである。

資本主義経済の営みが人々の生活の改善・向上にどれほど貢献したかを確認するためには、今日、先進国に生きている私たちの生活を支えているもののほとんどが、資本主義経済の営みがもたらしたものであることを見れば明らかである。

こうして生活環境が改善されたおかげで、先進国では、生活も快適になり、幼くして命を失う者は減少し、人々の平均寿命ははるかに延び、多くの人々が趣味、旅行、娯楽、スポーツなどなど、誰もが余暇を楽しむことができるようにもなった。

より便利で、より快適な生活を私たちにもたらしてくれた社会の営みの背後には、無論、科学技術の進歩・発展があるが、それも、自らの利益を求めて、物をつくり続けてきた企業のおかげである。

こうした観点に立てば、資本主義経済のシステムは、「人を殺す」どころか、人々の生活の向上に大いに貢献してきたことが分かる。

②人と人との関わりの対等性

資本主義経済のシステムがもたらした功績として指摘したいものが、もう一点ある。それは、出自・家柄・身分・土地・宗教、民族などの縛りから人々を解放し、人と人とが対等に向き合う道を拓《ひら》いたことである。

それまでの封建社会にあっては、王・領主・諸侯の子として生まれた者はそのままその身分を受け継ぎ、農家に生まれた者は一生農奴として生きることを運命づけられ、農奴は領主に、家臣は君主に、奴隷は主人に、生涯にわたって縛られ、下の者は、どんなにもがいても、上の者と対等に向き合うことはできなかった。

そうした社会全体の枠組を破壊し、主従の従属的な縛りから人々を解放し、一人ひとりに主体的に生きていく道を拓いたのが、まずは、人は、みな自由・平等であり、それぞれ幸せになる権利があるという市民革命が掲げた理念である。

その理念は、当時、特権階級からの重圧に苦しんでいた人々の熱い共感を呼び、人々は民主的社会の構築に向かって歩みを始め、今日に至っているのである。

その理念を、人と人との関わりの日常レベルにまで具体的に浸透させていったのが、雇用契約であったことを見落としてはならない。

その点に関して、これまであまり強調されてこなかったことだが、長い人類の歴史を振り返るとき、雇用契約の制度が、人と人とが対等に向き合う社会の進展に多大な貢献を果たしてきたという事実は、もっともっと注目されて然るべきことのように思われる。

雇用契約が一般的になったのは産業革命後である。それは、工場が多くの労働者を必要とすることから始まった。郡部から都市へ移動してきた農民たちが、雇用契約を交わし、工場で働くようになる。その際の雇用契約が、それまでの社会では見ることができなかった人と人との関わりに新しい形を生み出したのである。

両者の間で交わされる契約は、基本的には売買契約である。働き手は、自らの労働力を雇い主に商品として売り、雇い主は、それを商品として受け取り、代価として給料を払う。両者を縛るものは、両者の間で交わされた契約条項だけである。労働時間以外の時間は、それぞれ誰にも妨げられずに、自らの生活に専念することができることになる。

資本主義経済の発展にともなって、ほとんどの職場で雇用契約が交わされるようになるにしたがって、身分や生まれによる関わりは消えていき、対等な人と人との関わりが社会の隅々にまで浸透していったのである。

さらにそれを徹底させたものが、貨幣経済である。貨幣が、人と人との壁、身分の差を、徹底的に取り除いたのである。

売り主は、相手が、代価を払えば、一切の差別は許されず、相手に商品を渡さなければならない。たとえ、相手がどのような信条の持ち主であり、どのような国籍・民族の者であろうが、その求めに応じていかなければならなくなったのである。

また、それまで君主や領主が自らの権威にものを言わせて、力ずくで強制的に物を獲得することが許された時代に終止符が打たれ、穏やかな手段で平和裏に物を獲得することができる道が拓かれていったのである。

こうした観点から貨幣経済は、人類に多大な貢献をしたと言えるのである。

人間一人ひとりへの敬意と温かなまなざしの欠如

しかし、陽があれば陰があるように、資本主義経済がもたらしたプラス面の背後に、マイナス面を指摘できるのである。「この経済は人を殺す」という教皇の言葉につながるものである。

それは、資本主義を根底で支える論理の中に潜んでいる、一人ひとりの人間への敬意と温かなまなざしの欠如である。その欠如がもたらした悲惨な現実を直視して、教皇は、「この経済は人を殺す」と警鐘を鳴らしたのである。

まずそれは、誰を雇うかという契約の際にすでに微妙な形で現れているのである。すでに指摘したように、資本家の関心の中心にあるものは、利益を上げることへの飽くなき欲望である。したがって就職に際して、自らの利益を確保するため、できる限り安い賃金を提示しながら、厳しい選別を行い、条件に合わない者は受けつけない。また、一度契約を交わしても、利益をもたらさないと分かれば、窓際に追いやったり、解雇したりしてしまう。

経営者の心の根底には、能力に恵まれてない者、役に立たない者は、相手にしない、無視し、排除してしまう冷酷な論理が生きているということである。

職に就けなかったり、職を失ったりして収入の道を閉ざされた者にとっては、死活問題になる。食べていけない、生活していけない、人生設計を立てられないことにつながってしまう。

教皇の「人を殺す」という言葉は、その点を突いているのである。教皇は、能力に恵まれず、職に就けず、惨めな生活を強いられている人々の視点に立っているのである。

この点に関して教皇は、次のように語っている。

「現代ではすべてのことが、強者が弱者を食い尽くすような競争社会と適者生存の原理のもとにあります。この結果として、人口の大部分が、仕事もなく、先の見通しも立たず、出口も見えない状態で、排除され、隅に追いやられるのです。そこでは、人間自身もまた使い捨てのできる商品同様に思われています。（中略）もはや単なる搾取《さくしゅ》や抑圧

の現象ではない、新たなことが起きています。（中略）社会の底辺へ、隅へ、権利の行使できないところへと追いやられるのではなく、社会の外へと追い出されてしまうのです。」（『福音の喜び』53項、邦訳56ページ）

もう一つ、雇用契約の中に潜んでいる冷酷さは、経営者の利益が必ずしも働き手に還元されない契約になっていることにある。つまり、雇用主は、契約した時点での給料を払えば、それで契約は履行《りこう》したことになり、利潤、利益は、そのまま自らの懐《ふところ》に入れてしまうことが許されるのである。こうして世界は、巨万な富を所有する経営者と一般の人々との差がますます開いた格差社会を招いてしまったのである。

ちなみに、二〇一六年の国際ＮＧＯのオックスファムは、世界で最も裕福なわずか六十二人が世界の貧しい半分（三十六億人）の総資産に匹敵する資産を所有するような常態になっていると報告している。

この格差が拡大していく要因はさまざまだが、その一つに、科学技術やＩＴ技術の進歩・発展がある。それによって、企業は、これまでのように数多くの労働者を必要としなくなり、必要に応じて労働者を雇えばよくなったのである。その分、企業の人件費は節約できるようになり、経営者の収益は増大していくことになったのである。

給料だけが主な収入源となっているサラリーマンたちの収入は増えず、経営者の資産・収入だけが増えて、その格差は雪だるま式に拡大してしまっているということである。

こうした状態に心を痛めた教皇は、**「他者の叫びに対して共感できなくなり、他者の悲劇を前にしてもはや涙を流すこともなく、他者に関心を示すこともなくなってしまいます。**（中略）**可能性を奪われたことで先の見えない人々の生活はただの風景、自分の心を動かすことのないものとなってしまうのです」**（同54項、邦訳57ページ）と語って、自分の利益、快適な生活だけに関心を持ち、同時代を生きうる人々への共感能力を鈍化させてしまった資本主義経済の問題点を指摘しているのである。

最後に貨幣経済が、人と人との関わりを希薄にしてしまったという点も指摘しておきたい。つまり、人と人との関わりを非人格的なものにしてしまったことである。

現代人は、生まれや身分の縛りからくる煩《わずら》わしさから解放されて、自らの自由とプライバシーを守ることができるようになったのだが、その反面、地域共同体から切り離されて支えるものを失って、深い孤独感・孤立感にむしばまれるようになってしまったのである。生きることを諦めてしまう人の増加や孤独死、無縁死の増加の背後に見え隠れするものは、貨幣経済がもたらしたマイナス面である。というのは、金の切れ目が縁の切れ目と言われるように、現代社会にあって金を失うものは、自ら支えるものを失うことにつながってしまうからである。

教皇は、現代社会の仕組みの中に潜んでいる残酷さ、冷酷さに私たちが目覚め、人間一人ひとりに敬意を示し、柔らかで温かな心で互いに寄り添い支え合うことができる社会の創造に向かってチャレンジするよう、私たちに呼びかけているのである。

排他性と格差を育ててしまう経済システム

「『殺してはならない』というおきてが人間の生命の価値を保証するための明確な制限を設けるように、今日においては『排他性と格差のある経済を拒否せよ』といわなければなりません。この経済は人を殺します。」（『福音の喜び』53項、邦訳56ページ、傍線筆者）

これは、先に指摘したように教皇フランシスコの使徒的勧告『福音の喜び』の中の一節である。

教皇は、「この経済は人を殺します」と記すが、その発言の真意については慎重に受け止める必要がある。というのは、資本主義経済は、かつてないほどの快適で便利な生活を人類にもたらしてきており、「人を殺す」どころか、多くの人々に人間らしく生きる道を提供してきているからである。

教皇も、その事実は認めている。認めているどころか、賞賛さえしているのである。

それは、二〇一四年、世界の経済界のリーダーたちが集まってスイスで開催されたダボス会議の際に送ったメッセージなどからも、明らかである。

「今の時代は、教育、情報通信、ヘルス・ケア等の分野で生活の質の向上を実現する大きな歩みを残していく時代だとして、賛辞に値するでしょう。

さらに言えば、その他さまざまな分野においても、近代ビジネス活動が果たした役割が、大きな変化をもたらしてくれた。その役割の重要さを認識すべきです。近代ビジネス活動が、人類知性という無尽蔵の資源を、喚起し発展させてくれたのです。」

しかし、教皇は賞賛しながら、そこにとどまらず、会議の参加者たちに経済の仕組みがもたらした問題点をはっきりと指摘していくのである。それは、教皇としての使命感からにほかならない。

教皇のよって立つ土台は福音である。教皇は、日々の歩みの中に幸せを求めて生きている一般の人々とも、利益を得ることを最優先する企業人とも異なる価値観の上に立っている。その土台の上に立って世界と向き合うとき、教皇が、現在の経済システムを手放しで賞賛することができないのは、当然である。

教皇は、ダボス会議の参加者たちにメッセージの中で、経済のシステムがもたらしたマイナス面を「社会的排除を蔓延《まんえん》させた」と表現し、参加者たちにその克服を願った会議を求めたのである。

「とはいえ、それが成し遂げた成功、すなわち、困窮者を大幅に減らしたという事実も含めて、近代ビジネス活動が成し遂げた成功が、社会的排除の問題を蔓延させたのも事実です。」（傍線筆者）

この「社会的排除」という表現で、教皇が何を伝えようとしたのかを知るためには、『福音の喜び』をひもといてみればよい。そこで教皇は、資本主義経済の仕組みの何が福音に逆らい、それが、どのような闇を世界にもたらしたか、詳しく語る。

使徒的勧告の中で、教皇は経済の仕組みがもたらした闇について次のように説明していく。

「飢えている人々がいるにもかかわらず食料が捨てられている状況を、わたしたちは許すことはできません。これが格差なのです。現代ではすべてのことが、強者が弱者を食い尽くすような競争社会と適者生存の原理のもとにあります。この結果として、人口の大部分が、仕事もなく、先の見通しも立たず、出口も見えない状態で、排除され、隅に追いやられるのです。（中略）わたしたちは、『廃棄』の文化をスタートさせ、それを奨励してさえいます。（中略）もはや社会の底辺へ、隅へ、権利の行使できないところへと追いやられるのではなく、社会の外へと追い出されてしまうのです。」（『福音の喜び』53項、56頁）

教皇のよって立つ論拠を理解していくためには、まずはここに引用した文章の冒頭の**「飢えている人々がいるにもかかわらず食料が捨てられている状況」**という言葉に注目してみることである。

国連食糧農業機関（FAO）の報告書（二〇一五年）によれば、世界では約九億人もの人たちが栄養不足の状態にあり、一日に四万人が餓死し、その多くが発展途上国の子どもたちだという。その支援のためには約四百万トンの食料が必要となるにもかかわらず、世界では年間十三億トンもの食品が廃棄されているという。

日本では、二〇一三年の農林水産省の調査報告によると、年間千七百万トンの食品廃棄物が排出されており、そのうち本来食べられるのに廃棄される食品は、年間約五百〜八百万トン（二〇一〇年）になるという。それは、国際的な食料援助に必要な食品の二倍近くになるという。

飢餓に苦しむ人に目を向けず、大量に食品を廃棄することは、明らかに福音の光に逆らう行為である。

アルゼンチン時代にスラム街の極貧の人々に接してきた教皇にとって、先進国の裕福な人たちが、九億人もの人々が飢餓に苦しんでいることに目を向けず、大量の食べ物を廃棄してしまうという世界の現実を黙って見過ごすことができるはずがない。教皇は、貧しく苦しむ人々の味方である。

金持ちと貧しいラザロのたとえ話

福音の中心にあるメッセージは、「これらの小さな者が一人でも滅びることは、天の父の御心ではない」（マタイ18・14）である。人間の一人ひとりの上に温かな目を注ぎ続ける神の心である。

キリストは、この世界の営みに神の心を伝え吹き込もうと、人々に、自分の周りの人々に関心を寄せ、必要と分かれば寄り添い、互いに労苦と重荷を分かち合いながら歩んでいくよう諭し教え続けたのである。その説教やたとえ話の中に、底辺の人々に目を向け、寄り添っていくことの重要性を諭す説教やたとえ話が多いのも、そのためである。その一つが、貧しいラザロと金持ちのたとえ話（ルカ16・19〜31）である。

たとえ話の主人公は、金持ちである。彼は、柔らかな衣を着て、日々贅沢《ぜいたく》に遊び暮らしている。そんな金持ちの家の門前に、全身腫れ物だらけの貧しいラザロがやって来て、横たわる。金持ちの食卓から落ちてくる残り物で腹を満たしたいという切ない願いからである。しかし、ラザロの存在は、金持ちの目に入らない。

金持ちが死んだ後、彼は陰府《よみ》に落とされ、ラザロは、逆に天上でアブラハムの宴席に招かれて慰めを得る。たとえ話では、死後、両者の運命が逆転し、金持ちは苦しみ、ラザロは幸せになるのである。

しかし、そこで運命の逆転を、キリストが、賞罰という観点から語っていないことに注意すべきである。貧しいラザロがアブラハムの宴席に招かれたのも、彼が善行を行ったわけではなく、また金持ちが陰府に落とされたのも、彼が悪行を行ったからではない。彼が陰府に落とされた理由としてたとえ話から伝わってくるものは、貧しいラザロの存在に気がつかず、自分の楽しみだけにのめり込んでしまっていたということだけである。

たとえ話の中の金持ちの末路は、飢餓に苦しむ多くの人々の存在に関心を寄せず、余った食品を大量に廃棄してしまう先進国に生きる私たちの末路として受け取ることもできるのである。

キリストが私たちに伝えようとするものは、それぞれの周りに生きている人への目覚めである。生きることの厳しさやつらさに堪えられず、叫びを上げて助けを求めている人々の存在に目覚めていくことの重要性である。もし、周りの人に心を開かず、自分の世界だけにとどまって生涯を終えてしまえば、真の幸せを得ることができないというメッセージが、そこにある。

キリストのメッセージの中心にある人間の幸せは、富によってもたらされるものではなく、人の心と心が響き合うことによってもたらされる幸せである。そこにこそ人間の究極の幸せがあるという確信のもとに、キリストは、私たちが自分の世界だけの幸せにのみ込まれることなく、他者と心を通わせ、その求めに駆け寄り、寄り添っていくことの重要性を、私たちに伝えようとしたのである。

地球が壊されていく

回勅『ラウダート・シ』を公布した教皇が目にし、心を痛めているものは、私たち人間の欲望によって、汚されたり破壊されたりしてしまった、私たちが住んでいるこの地球の痛ましい姿である。それはまた、私たちも日頃から、うすうすは感じ取ってきていたものである。

教皇の言葉に促されて、改めてじっくりと周りを見渡してみれば、私たちも、教皇が指摘するような、この地球の深刻な実態を、確認することができる。

またその実態に何の偏見ももたずに向き合っていくとき、他ならぬ私たち一人ひとりが、地球を危うくしてしまった加害者の一人であることも明らかになってくる。また、私たち一人ひとりが地球を危うくしてしまっている加害者に他ならないという事実が明確になるとき、環境問題をテーマにした回勅を公にした教皇の意図が、私たち一人ひとりの生き方の転換を求めることにあったことが、はっきりしてくる。それは、教皇が本文で、「エコロジカルな回心」(217項、邦訳184ページ)と称しているものである。

生活が便利になった陰で……!

教皇が回勅の中で指摘しているような、地球温暖化、オゾン層の破壊、大気汚染などといった問題は、産業革命以降の大量生産、大量消費、大量廃棄がもたらしてきてしまったものである。それは、他ならぬ私たち自身がひたすら経済的な豊かさ、効率性、利便性を追い求めてきたことによって招いてしまった結果なのである。

産業革命後の歴史の歩みは、文明の進歩として高く評価できるものである。というのは、それまで貴族や金持ちしか手に入れることができなかったものが、工場で大量に生産されるようになって値段が格段と安くなり、誰もが容易に手にすることができるようになって、そのおかげで多くの人々がかつてないほどの豊かで便利な生活を享受《きょうじゅ》することができるようになったからである。

しかし、陽の当たるところには陰がついて回るように、その営みが、知らず知らずのうちに、人間の生の危機、生きているものすべての生の危機につながっていくような、深刻な事態をもたらしてきてしまったのである。教皇は、その事実に警鐘を鳴らそうとしたのである。

生産のために必要とする石油やさまざまな資源の歯止めのない使用による地球資源の枯渇《こかつ》、工場が垂れ流す廃液による河川の汚染、その煙突から排出される二酸化炭素などの有害物質による地球の温暖化現象などなど、地球が傷つけられ壊されている具体的な例を挙げていけば、切りがない。

工場が垂れ流す廃液が、人にどんなにひどい害をもたらすか、五十数年前の熊本の窒素工場が起こした「水俣病」を思い起こせば、誰の目にも明らかである。

また、火力発電所や石油コンビナートからの化石燃料などの燃焼で排出される硫黄《いおう》酸化物・窒素酸化物や自動車の排気ガスなどが、酸性雨の原因となり、森林の木々や草花を枯れさせたり、湖沼の水質を汚染したり、そこに生息する魚の多くを死滅させてしまってきたことも、また事実である。

また、工場の排気ガスや、私たちがふんだんに使ってしまうエアコンが排出する熱や道路のアスファルト化などが、地球の温暖化現象などを招き、気候変動をもたらす大きな要因になってしまっていることも、多くの識者が指摘しているとおりである。

さらにまた、エアコン、冷蔵庫、スプレーなどに使われ、大気中に大量に放出されるフロンガスが、大気の流れによって成層圏にまで達し、紫外線からの被害を守る壁となっているオゾン層の破壊を招いてしまうことも、学者たちによって指摘されてきていることである。

さらにまた、人口の増加と都市化現象、それに伴う大量のゴミの排出、また野山などを住宅地にしていくことによる植物の伐採、それに伴う野山に生息していた動植物の激減などなど、私たち人間の身勝手な営みによって生態系がどんなにゆがめられ壊されてきてしまったか、誰の目にも明らかである。

その責任は、明らかにひたすら利益を求めて、ものをつくり続けてきた生産者たちと便利なものを求め続けてきた消費者である私たちにある。その根っこにあるものは、私たち人間の欲望である。人間の幸せが物的な豊かさの中にあると信じて、それを求めて走ってしまう私たち人間の愚かさである。

明らかに私たちにも責任がある……！

①安易な使い捨て……

私たちが、便利で快適な生活をひたすら求めて、大量生産を促し、環境破壊を加速させてしまったのだから、私たち一人ひとりに責任がある。

今日、私たち一人ひとりの責任として指摘できる身近な例を挙げるとすれば、プラスチック製品の使い捨てと食べ物の大量廃棄である。

まずは、プラスチック製品。現代の私たちは、プラスチックなしには生活が成り立たないほど、プラスチック製品に囲まれながら生活している。周りを見渡せば、至る所にプラスチック製品を目にすることができる。

食べ物を盛る容器やコップ、ペットボトル、ストロー、買い物に便利なビニール袋、梱包《こんぽう》に使うプチプチや発泡スチロール、さらには、歯ブラシ、スマホのケース、パソコンのキーボード、子どものおもちゃなどなど、ほとんどがプラスチック製品である。さらに天然素材の欠点を補う形で、衣服、カーペット、毛布、カーテンなど、幅広い種類の布地にもプラスチックの繊維が使用され、医療器具などのほとんどもプラスチックである。

プラスチックが日常の生活用品などに浸透してしまったのは、軽量で、どんな形にも加工ができて、しかも頑丈で、耐水性があり、便利で、安価だからである。

しかし、安価であるがゆえに、木やガラスなどの他の素材とは違って、ポイと捨てられてしまい、それが環境破壊につながってしまうのである。

環境破壊につながるというのは、プラスチックの解体には時間がかかるからである。自然のものは捨てられても早ければ数日、数カ月で自然に分解し、自然界に戻っていくが、プラスチックはそうはいかない。焼却でもしない限り、何百年も、何千年も、そのまま自然界に残り、それで生態系に深刻な影響を与えてしまう。

プラスチック製品が出回り始めたのは一九五〇年代頃からだが、それから今日まで世界各地で作られたプラスチック製品の総量は八十三億トンになると言われ、今日では世界各地で、年間約三億トンを超えるプラスチック製品が作られていると言われている。膨大な量である。

その八〇％近くは、埋め立てられたり、焼却されたり、リサイクルに回されたりして処理されているが、残りの大半は無責任に路上に投げ捨てられて排水溝を詰まらせたり、山中や海岸に投げ捨てられて自然界を汚したり、海中に沈殿して水質を汚したりして、魚の生存までを脅かすようになってしまっている。

投げ捨てられて海に流れ出るプラスチックの量は、世界全体で年間千三百万トンに達すると言われ、波などによって砕かれ「マイクロプラスチック」となったものは、魚などの体内に取り込まれたりして、海の生態系に大きな影響を与えていく。プラスチックによる汚染は、海の生態系にとっても深刻な脅威になっているのである。ポイ捨ては、明らかに私たちの責任である。

②食べ物の大量廃棄

もう一つ、私たちの責任となる環境破壊で無視できないものに、食べ物の大量廃棄がある。それには人道上の問題も絡んでくる。

今や、世界各地で一年間に廃棄されてしまう食品は、生産される食品の約三分の一、量にすると年間およそ十三億トンになるという。

ちなみに、二〇一五年に農林水産省が行った調査報告には、主な国の一人当たりの年間の食品廃棄物量の分析が記されている。それによると、フランスは三五二キロ、イギリスが二二五キロ、アメリカは一七九キロ、ドイツは一三五キロ、日本は一三四キロ、スウェーデンは一〇八キロ、韓国は百キロとなっている。食品の大量廃棄の上位は、いずれも欧米などの先進諸国である。

ちなみに、日本国内の年間食品廃棄量は、およそ千七百万トン、その内、まだ食べることができるにもかかわらず、捨てられてしまう食品が、年間五百～八百万トン（二〇一〇年）と言われている。

五百～八百万トンという数字は、製造段階で原材料のまま捨てられてしまうもの、形が崩れたりして店頭に商品として並べることができずに捨てられてしまうもの、店頭に並べられても賞味期限が過ぎたものや飲食店などで食べ残しなどによって捨てられてしまうものを、合わせた数である。

食品の大量廃棄が環境破壊につながってしまうと言うのは、そのものずばり、膨大な量の資源を無駄にしてしまうことを意味するが、それだけではない。食品が多く含まれたごみは水分が多く、焼却炉の発電効率を下げる原因にもなり、エネルギーの無駄になり、地球の温暖化を促進させてしまうからである。

しかし、食品の大量廃棄には、それだけでは済まない人道上の問題が潜んでいる。ユニセフなどの報告によれば、地球の上には、飢えに苦しんだり栄養不足で幼くして死んでしまったりする人々が、約九億人。そうした人々を支援するために世界各国から送られてくる食品は、年間約三九〇万トンと言われている。

したがって、私たち日本人が捨ててしまう年間五百〜八百万トンの食品は、支援のために世界各地から送られる食品の数倍の量を捨ててしまっていることになるのである。まだまだ食べることができるにもかかわらず、捨ててしまう。それは日本だけではない。経済的に豊かな欧米の先進国に共通することである。

九人に一人が飢えに苦しんでいるにもかかわらず、自分たちだけが食を楽しみ、腹を満たし、それで「良し」として、余った食べ物を捨ててしまう先進国の人々の生きざまは、ルカ福音書にあるたとえ話の、自分の家の門前に横たわる貧しいラザロの姿に気がつかなかった金持ちの姿につながっていく。

自分たちの腹を満たし、舌を楽しませることだけにうつつを抜かしてしまっている私たちは、惨めなラザロを無視してしまったために、陰府《よみ》に落とされてしまう金持ちと同じである。同じ運命をたどることになるに違いない。

さらにまた、世界各地で収穫される穀物の半分以上が、牛や豚、鶏などの家畜の飼料として消費されていることも、見過ごすことはできない。「牛乳やチーズ・バター・食肉用」として飼育されている「牛や豚」の数は、地球上に約十三億頭。その家畜を育てるために、穀物の大半が家畜のえさとして使われるようになってしまっているのである。それは、穀物を食べさせて牛や豚を育て、「肉や牛乳・チーズ・バターや食肉」にして売る方が、はるかに利益があるからである。

財政的にゆとりがない発展途上国の人々は、無論、値段の高くなった穀物を買うことはできないし、高価なバターやチーズ、高価な肉などには手が届かない。

九人に一人の人が餓死していく現実の中で、先進国の人々の食を楽しませるために、「人」よりも「家畜」に穀物が回されてしまっている背景にあるものは、その方が儲かるという生産者の論理、つまり資本主義経済の世界観と同時に自分たちだけが快適であればよいという個人主義的な価値観である。そこにあるものは、周りの人々に対する無関心さと、もがき苦しむ人々の痛みに対する鈍感さである。

こうした現実を直視した教皇は、「**先進諸国や社会の富裕層では、浪費と廃棄の習慣がこれまでにないレベルに達しており、そうした消費レベルの維持は不可能であること**

をわたしたちは皆知っています。地球開発はすでに許容限度を超えており、それなのにわたしたちは、いまだに貧困問題を解決してはいません」（27項、邦訳31〜32ページ）と問題点を指摘し、「**不平等は、個人ばかりでなく、国全体にも影響を及ぼします。ですから、国際関係における倫理について考えねばなりません**」（51項、邦訳48ページ）と新たな倫理の必要性を訴えているのである。

今日私たちが直面している課題を根源的に解決し克服していくための光として、教皇が私たちに示そうとしたものが、アシジのフランシスコの生きざまだったのである。それは、この回勅のタイトルがアシジのフランシスコの「太陽の賛歌」から取られたものであることから推察することができる。

実に「太陽の賛歌」は、地球の上に存在する人間を含めたすべてのものが、神から命を頂いた兄弟姉妹であるという確信に基づいた歌なのである。教皇は、地球の上に生を営むものすべてが兄弟姉妹であるという価値観に基づいて、現代世界が突きつける課題に立ち向かっていくことを呼びかけているのである。

エコロジカルな回心に向けて

教皇の回勅『ラウダート・シ』は、環境問題をテーマにした回勅である。しかし、そのタイトル『ラウダート・シ』は、「あなたはたたえられますように」という意味の、古い昔のイタリア語で、アシジの聖フランシスコ（一一八二〜一二二六年）の「太陽の賛歌」から取られているのである。

なぜ、教皇は、現代に生きる私たちが直面している環境問題を扱う回勅のタイトルを、はるか昔のイタリアの聖人の詩から借用したのだろうか。

フランシスコは、およそ八百年前の人物である。私たちが生きる現代社会とはまったく異なる社会状況の中で生まれ、生涯を終えている。彼が生きた時代には、現代の私たちを悩ませている大気汚染や地球温暖化などの問題はまったくなく、人々の話題にもならなかったはずである。

それなのに、なぜ、教皇は環境問題を語るにあたって、アシジのフランシスコの詩の冒頭を、そのタイトルに掲げたのだろうか。何らかの明確な狙い・意図があったからに違いないのである。

教皇の意図・狙いを確かめるためには、そもそも「太陽の賛歌」が、どのような賛歌であったかを、改めて確認してみる必要がある。

①苦しみの極みの中で……

「太陽の賛歌」は、フランシスコの晩年の作である。その内容は、晴朗で、清らかな純粋さに輝いている。その内容の素晴らしさと晴朗さに心打たれ、大半の人は、その作品は、フランシスコが心身ともに穏やかで、何の憂いもないような、晴れやかな心境の時に創作されたのではないか、と受け取ってしまうかもしれない。ところが、そうではない。逆なのである。

伝記作者たちは、フランシスコが、精神的にも身体的にも最も追い詰められ、深い苦悩の闇に覆われた状態の中で生み出されたものだったと伝えている。

晩年のフランシスコは、確かに、普通の人ならば打ちのめされて、鬱《うつ》に覆われたり絶望的になったりしてもおかしくはない、ひどい闇の中に置かれていた。

体は、生涯を貫いた粗食に加え、頻繁《ひんぱん》に行った苦行や断食などでボロボロになっており、内臓はすっかり病魔にむしばまれており、その上、日常的に激しい頭痛に悩まされ、目は失明に近い状態にあったとも言われている。

それに追い打ちをかけるように、大所帯になった弟子たちの間の諍《いさか》い、分裂があった。弟子たちを信頼し、導いてきたフランシスコにとっては、愛する弟子たちの分裂と別れは、つらく悲しいことであったに違いないのである。

つまり、「太陽の賛歌」は、深い苦悩の闇の中に追い込まれていた状態の中で生まれたということである。

しかし、「人は、苦悩の中で試され、苦悩の中で高められる」と言われる。「太陽の賛歌」は、苦悩の中で心の内奥まで浄《きよ》められ、高められたフランシスコの魂から生まれたものと言えるのである。

苦しみや悲しみは、誰もができれば避けたいと願っているものである。しかし、私たちが、自分の思うように避けることができるものではなく、私たちが望む、望まないにかかわらず、否応なく襲ってくるものである。

例えば、身体の不具合、事故、病や老い、それに伴って起こってくる身体のそこかしこの痛み、思うように行動できなくなる身体の衰え、また、仕事の失敗、挫折、さらに共に生きている周りの人との誤解、諍いや周りの人の悪意、嫉妬、怒り、憎しみなどなど、いずれも、人間に苦しみを与える。

その度ごとに私たちの心は揺れ動き、バランスを崩し、時には、喜びの光を失い、悲しみと苦しみの闇の中に引きずり込まれていく。大半の人は、もう一度安らぎや喜びを取り戻そうともがき努めるが、しかし、元のような明るさを取り戻すことは、容易なことではなく、大半の人は、心身を消耗し、暗い鬱の中にのみ込まれていく。

しかし、そこで終わらない人がいる。どんなに深い悲しみや苦しみに、そしてどんなに深い闇に覆われても、そこから抜け出して、新たな次元の明るさ、喜びを見いだしていくことができる人がいる。不遇にも逆境にも挫折にも意味があると、人生を捉えることができる人々である。

それができるためには、一つの条件がある。人生には、日常的に満たされることがすべてではなく、それを超えた価値があるという自覚、人生哲学である。日頃からそうした考え方を育み、育てているならば、簡単なことではないことは十分に承知の上でだが、どんな闇に覆われても闇は闇で終わらず、むしろ、闇そのものが、より純粋な次元に高めていくきっかけになるのである。

無論、生涯をキリストに賭け、キリストを見つめ、仰ぎながら生きてきたフランシスコには、それがあったのである。十字架の闇から復活の光の世界に過ぎ越したキリストの姿が、フランシスコを支え、導いたとも言えるのである、

「太陽の賛歌」は、キリストに目を仰ぎながら深い苦悩の闇を歩む中で、一切の人間的な欲望から浄化され、より純粋になったフランシスコの魂からあふれ出たものと言えるのである。

②自然は、みな人間の兄弟姉妹!!

ここに全文を紹介することはできないが、「太陽の賛歌」から私たちに伝わってくるものは、確かに汚れのない澄み切った清らかさであり、完全に浄化された魂の純粋な輝きである。

神よ、造られたものすべてによって私はあなたを賛美します。

私たちの兄弟、太陽によってあなたを賛美します。（略）

私たちの姉妹、月と星によってあなたを賛美します。（略）
私たちの兄弟、風によってあなたを賛美します。（略）
私たちの姉妹、水によってあなたを賛美します。（略）
私たちの兄弟、火によってあなたを賛美します。（略）
私たちの姉妹、母なる大地によって賛美します。（略）
神よ、あなたへの愛のためにゆるし合い、病と苦しみを耐え忍ぶ者によって、
私はあなたを賛美します。（略）
私たちの姉妹、体の死によって、あなたを賛美します。（略）
神よ、造られたものすべてによって、
私は深くへりくだってあなたを賛美し、感謝します。

この詩の中には、現代の私たちにとって驚くべきものが幾つかある。太陽も、月も、星も、風も、水も、火も、大地も、すべて人間の兄弟姉妹と見なしていることと、私たちが最も避けたいと願っている病や死をも肯定的に捉え、神への賛美に結びつけていることと、神をすべての中心に捉え、すべてを神に方向づけていることである。そのすべ

ては、現代の私たちの心構え、生き方とは、真逆のものである。

現代に生きる私たちは、自分たちが世界を動かし、世界を導き、造り上げているという思いが強く、その点で、神が天地万物の創造主であり主宰者であるというフランシスコの姿勢とは、まったく逆の生き方を生きている。また、私たちの日常により豊かな幸せをもたらしてくれるか否かに、物事の価値を置き、フランシスコのように、神との関わりから、ものの価値、人生の価値を計る物差しを持っていない。

さらにまた、自然と向き合う姿勢も、現代の私たちの姿勢は真逆である。現代の私たちは、自己本位の欲望の元に自然を利用するだけ利用し、結果としては、自然を傷つけ破壊してしまうことになっても、意に介さない。フランシスコのように、自然を自分の兄弟姉妹として捉え、共存しようとする姿勢はない。

こう見ていくと、教皇が、地球の環境問題をテーマにした回勅の表題をフランシスコの「太陽の賛歌」から借用した狙いが、明らかになってくる。つまり、教皇は、「太陽の賛歌」のすべてに息づいている神を中心とした生き方、考え方の中に、環境問題を解決していくための究極の光があると判断し、その光を私たちに紹介し、その光に基づいて私たちが自分たちの生き方を振り返り、人生を転換していくことを求めようとしたということである。

エコロジカルの回心の難しさ……

回勅の最後の章で教皇が呼びかけるエコロジカルな回心のための光は、「太陽の賛歌」の中にある光ということになる。

しかし、教皇が呼び求めるエコロジカルな回心は、簡単なことではない。というのは、現代の私たちは幼い時から目指し、求めようとしているものが、ものに満たされた、自分を中心にした目先の幸せであるからである。その価値観、人生観が、私たちの心の奥に深く刷り込まれてしまっていて、そこから抜け出すことは容易なことではないからである。

私たちの日常的な幸せを妨げ、私たちの人生を暗い闇の中に招き入れてしまうものは、さまざまである。病であったり、仕事の失敗であったり、周りから疎《うと》んじられたり、軽んじられたり、仲間外れにされたりすることであったり、傷つけられたり、裏切られたりすることであったりする……。その時、私たちは当然のようにもがき苦しむ。もがき苦しみながら、しかし、私たちの多くは、失った幸せ、快適な生活を取り戻そうと躍起となるだけである。できれば、もう一度、元のような快適な生活をしたいと願うのである。それは、ある意味では自然なことである。

しかし、元の生活を取り戻すことは容易なことではなく、人生もそれほど甘くはない。現実には、人生を取り戻すことができない人の方が、多いかもしれない。自暴自棄に酒に走ったり、ギャンブルに走ったり、社会とのコミュニケーションを諦めて自分の世界に閉じこもったりしてしまう人は、人生を取り戻すことに、ある意味で白旗を掲げてしまった人と言えるかもしれない。

しかし、挫折し、人生の表面的な幸せが奪われるだけで、人生は終わらない。表面的に物が満たされて幸せになるだけが人生のすべてではない。人間の本来の素晴らしさは、闇の中でも発揮できるし、またその中で輝くことができるし、その中にあっても生きてきてよかったという喜びを味わうことができる。

そのためには、別の光が必要である。神からの光である。

神の存在に目覚め、神との関わりに心が開かれていけば、日常の生活の幸・不幸に右往左往することは、少なくなる。それはまた、人間をこの世界の目先の囚《とら》われから解放してくれるし、闇をくぐり抜けていくための活力にもなってくれる。

アシジのフランシスコの生涯からも分かるように、苦悩の闇は、究極には、人間を根底から解放し、自由にしてくれる。

しかし、幼い時から目先の幸せに心を奪われて生きようとしてきている現代人にとっては、神の存在に目覚め、それに心を開いていくことは、他のどんなことよりも難しいことなのである。呪縛されるような形で、幸福願望に縛られてしまっているからである。人生のマイナスとも思える出来事に見舞われながら、しかし、それを乗り越えていく哲学・光がないことに、教皇の求めるエコロジカルな回心を難しくしてしまっている大きな要因の一つがある。

エコロジカルな回心を、もう一つ難しくしてしまっている要因の一つは、私たちのエゴイズムである。自分の欲望を満足させ、自分を中心に生きようとするあまり、他の人の人生の営みには、無頓着、無関心なのである。

特に激しい競争の論理が隅々にまで浸透した現代社会にあっては、それは顕著である。互いに兄弟姉妹であるという意識は乏しく、むしろ、他に出し抜かれまい、乗り遅れまいと互いにしのぎを削りながら生きてしまっているのである。何よりも先に求めるものは、自分の利益であり、成功である。

現に私たちは、九人に一人の人がその日の糧《かて》に事欠いて、餓死の危機に直面しているにもかかわらず、大量の食品を廃棄してしまっており、自分たちの豊かな生活の陰に、どれほど多くの人々が惨めな生活を余儀なくされているかに関しても無頓着、無関心なのである。

一人ひとりの個人だけでなく、企業にも国家にも、それは当てはまる。その点を教皇は遠慮なく指摘する。

「より多くの資金と経済的あるいは政治的権力とを有する人々の多くは、大抵、問題を覆い隠したりその兆候を隠したりすることに気を取られ、気候変動の負の影響をいくらか減らす努力しかしていないように見えます。」（26項、邦訳30ページ）

「環境に関する世界サミットの不成功は、政治がテクノロジーと金融とに屈服していることを明らかにします。特殊な利害があまりにも多く存在し、経済的利害がいともたやすく共通善に優先され、自らの計画への影響を回避するために情報は操作されます。」（54項、邦訳51ページ）

エコロジカルの回心とは、実に一人ひとりのエゴイズム、企業や国家のエゴイズムから脱却が求められているのである。私たちの生き方への真摯なチャレンジ、それが環境問題の解決の根底に求められているということである。

教皇《きょうこう》フランシスコ
教会の変革と現代世界への挑戦

著　者――森　一弘

発行所――サン パウロ

〒160-0004　東京都新宿区四谷 1-13　カタオカビル 3 階
宣教推進部（版元）　Tel. (03) 3359-0451　Fax. (03) 3351-9534
宣教企画編集部　Tel. (03) 3357-6498　Fax. (03) 3357-6408

印刷所――日本ハイコム㈱

2019 年 5 月 31 日　初版発行

ISBN978-4-8056-2099-1　C0016